ANN-KRISTIN TLUSTY

SÜSS

EINE FEMINISTISCHE KRITIK

Carl Hanser Verlag

5. Auflage 2026

ISBN 978-3-446-27101-2

Vilshofenerstraße 10 | 81679 München |
info@hanser.de

Umschlag: Anzinger und Rasp, München
Satz: Eberl & Koesel Studio, Kempten
Druck und Bindung: Friedrich Pustet, Regensburg
Printed in Germany

MIX
Papier | Fördert gute Waldnutzung
FSC® C014889
FSC
www.fsc.org

FÜR V.B.

INHALT

Einleitung	9
Sanft	21
Süß	65
Zart	113
Epilog	159
Dank	169
Anmerkungen	171

Is one half of the human species to be subject to prejudices that brutalise them, only to sweeten the cup of man?

MARY WOLLSTONECRAFT (1792): A VINDICATION OF THE RIGHTS OF WOMEN[1]

Ich bin Feministin. Ich bin wütend darüber, dass Frauen[2] im Alter wie selbstverständlich stärker unter Armut leiden als Männer. Ich bin es leid, dass man Menschen mit Uterus nicht zutraut, Informationen zum Thema Schwangerschaftsabbruch handhaben zu können. Ich finde es erschütternd, dass all jene, die keine heteromännliche Norm verkörpern, weltweit Angst haben müssen, nachts allein das Haus zu verlassen. Bezeichnet mich ein Kollege süffisant als *Femnazi* oder wirft mir eine Bekannte an den Kopf, mit einer *feministischen Hardlinerin* wie mir könne man sich über bestimmte Themen ja gar nicht unterhalten, schlucke ich kurz und sage mir dann: Lieber zu viel als zu wenig. Das hat mir meine Mutter beigebracht.

Ich bin Feministin. Und doch gibt es manchmal Momente, in denen es sich nicht so anfühlt. Manchmal sitze ich beispielsweise irgendwo, in einem Zug, auf einer Parkbank, und spüre plötzlich einen Blick auf mir. Dieser Blick begutachtet meine Sitzhaltung, das Buch, das ich lese, die Art, wie ich einer fremden Person eine Frage beantworte. Der Blick urteilt über mich. Er denkt: Welch nette, zuvorkommende Frau! Oder: Warum sitzt die denn mit derart gefällig überkreuzten Beinen da? Dieser Blick, das bin ich.

Offiziell ist Feminismus um mich herum längst Konsens. In seiner soften Variante lässt er sich als Yogastunde oder Aktienberatung kaufen, kommt auf glänzenden Buchcovern sehr zeitgeistig daher und ist das unabdingbare Thema jeder Wochenzeitung. Im liberalen Diskurs ist Feminismus ein Accessoire, mit dem sich alle schmücken.

Doch womit man sich schmückt, das hat man noch lange nicht verinnerlicht. Wo sind die Jahrhunderte des Patriarchats[3] so abrupt hin, wenn Feminismus plötzlich fast überall ist? In diesem Buch werde ich mich auf die Spurensuche begeben – denn es gibt wesentlich mehr Rudimente in und um uns herum, als uns unsere vermeintlich progressive Gegenwart glauben lässt. Und auch wenn ich dabei möglichst viel zu beleuchten versuche, schreibe ich natürlich aus einer beschränkten Perspektive heraus: aus meiner persönlichen, die in diesem Buch immer wieder durchscheinen wird.

Vor einigen Tagen loggte ich mich in mein altes Profil auf Couchsurfing ein, einer globalen Bettenbörse, die in den zehner Jahren unter Menschen ohne Geld und Rückenprobleme sehr beliebt war. Mit neunzehn hatte ich dort einmal ein Profil angelegt, das mir neben einer sorgfältig kuratierten Bücherauswahl auch das Benennen einiger origineller Hobbys und Interessen abverlangte. Ich klickte es an. Neben *arts, architecture and philosophy* (das schrieben damals alle) hatte ich, ich konnte es kaum fassen, eingetragen: *eating chocolate*.

Warum hatte ich Schokolade essen als mein *Hobby* angegeben, als ich acht Jahre zuvor meine postpubertäre Couchsurfing-Karriere antrat? Weshalb hatte ich meine südfranzösischen Hosts unbedingt wissen lassen müssen, was für eine *vernaschte* Besucherin sie beherbergen würden? Beschämt betrachtete ich das Foto meines neunzehnjährigen Ichs, das dieses Profil mit viel Mühe erstellt hatte. Unbeschwert smilte es zurück.

Ich behaupte, dass diese Geschichte viel darüber erzählt, wie wir uns Geschlecht imaginieren. Sie zeugt von einer relativ simplen Idee, Formen sogenannter Weiblichkeit[4] zu performen – und ist Teil eines Codes, der auf etwas viel Größeres verweist. Nämlich auf sehr genaue Vorstellungen darüber, wie diese Weiblichkeit aussehen sollte.

Und das ist: *süß*.

In einer Spielart des Feminismus, die ich in diesem Buch *Potenzfeminismus* nennen werde[5], scheint die Lösung für sämtliche Missstände unserer Gegenwart recht simpel: Frauen sollten sich bemühen, ihre *Potenz* zu finden – und mit etwas Anstrengung und Achtsamkeit sei das Patriarchat dann schon irgendwann überwunden. Selbstverständlich könnten sie alles sein, alles haben, alles erreichen, alles vereinbaren, was sie nur wollten, solange sie sich nur dafür entschieden: guter Sex? Kluge Fonds? Strikter Karriereplan? Täglich Bauchworkout, weil: *strong is the new skinny*? Alles stünde ihnen offen, solange sie sich gegenseitig *empowern*.[6]

Der Potenzfeminismus feiert den Erfolg einer jeden Frau als feministische Errungenschaft. Reiche Unternehmerinnen und Erbinnen gelten demnach nicht etwa als Symptom dafür, wie ungerecht Vermögen in unserer Gesellschaft verteilt sind – sondern als Versprechen, dass unsere Welt stetig gerechter werde. Ihr Wohlstand, so die Annahme, sickere allmählich zu allen anderen Frauen hinunter.[7]

Auf den folgenden Seiten werde ich zeigen, warum ein so argumentierender Feminismus auf beiden Augen blind ist. Zu behaupten, dass allein der eigene Wille entscheidend für den Lebensweg sei, ignoriert zum einen all die ökonomischen, sozialen, rechtlichen, kulturellen, kurzum: strukturellen Zwänge, denen Frauen ebenso wie intergeschlechtliche und nichtbinäre Menschen noch immer ausgesetzt sind. Kategorisch schließt er jene aus, deren Kontostand sie schlicht nicht in der Liga der Erfolgsfeministinnen mitspielen lässt – und ist nur für jene ein Indiz der Gleichberechtigung, die *Feminismus* in einem Atemzug mit *Karriere* hauchen. Zum anderen übersieht dieser Ansatz auch, dass Jahrtausende patriarchaler Herrschaft keinesfalls spurlos an unserer Gesellschaft vorbeigegangen sind. Selbst die reflektierteste Feministin wird in den Winkeln ihres Denkens gelegentlich auf etwas stoßen, das sich eben nicht sonderlich feministisch anfühlt. Liebe Grüße, dein inneres Patriarchat.

Wenn Feministinnen[8] von der gläsernen Decke sprechen, meinen sie damit eine unsichtbare Grenze, die Frauen daran hindert, in die Sphären der gesellschaftlichen, politischen und ökonomischen Macht aufzusteigen.[9] Was jedoch wäre, wenn Frauen nicht nur eine (für die meisten recht tief hängende) gläserne Decke über sich, sondern auch lauter gläserne Wände um sich herum hätten? Unsichtbare Wände, die den sozialen Handlungsbereich einschränken? Zuckrige Fassaden, zusammengehalten von klebriger Ideologie?

Es gibt diese Wände. Sie illustrieren die äußeren und inneren Zwänge, die Frauen trotz der Omnipräsenz feministischer Gesten noch immer verspüren. *Zuckrig* kann bedeuten, *eating chocolate* als Hobby zu bezeichnen. *Zuckrig* kann aber auch bedeuten, unbezahlt immens viel liebliche Arbeit zu verrichten, ohne jemals von staatlicher oder irgendeiner Seite unterstützt zu werden. Oder zwar dafür bezahlt zu werden, aber trotzdem niemals Anerkennung zu bekommen. In diesem Buch geht es um verschiedene Formen derartiger *süßlicher Entfremdung*, die Frauen in Rollen drängt, die sie selbst nicht geschaffen haben. Was verzuckert ist, ist für andere da, dient dem Genießen und Verbrauchen. Es ist ein Geschenk. »Fürs Süße sind die Frauen zuständig«, behaupten auch im 21. Jahrhundert aufstrebende Jungpolitiker.[10] Dieses Buch will nicht beantworten, warum sich ein Mann unter hundert heute noch zu solchen Aussagen hinreißen lässt. Sondern sich der Frage widmen, inwiefern ein solcher Satz brauchbar für die feministische Analyse sein kann.

Die Vorstellung, dass Frauen fürs Versüßen, Geben, Kompensieren da seien, offenbart ideologische Schimären. Genauso manifestieren sich patriarchale Denkweisen: Ein Mann behauptet beiläufig etwas über Frauen – *sie sind fürs Süße zuständig* –, grinst dabei womöglich süffisant und hat damit ein Stück weit festgelegt, wie die Geschlechterordnung auszusehen habe. Das hat lange Zeit gut funktioniert. Und funktioniert zu einem gravierenden Teil noch immer bestens.

Denn gerade während ihr ursprünglicher Sinn zunehmend infrage gestellt wird, bieten Geschlechterrollen offensichtlich Orientierung – und schränken dabei alle ein. Männlichkeit gilt innerhalb unserer binären Ordnung weiterhin als Norm. Der Mann stünde für das Positive, das Neutrale, schrieb Simone de Beauvoir 1949 in ihrem berühmten Essay *Das andere Geschlecht*. »Die Frau dagegen erscheint als das Negative, sodass jede Bestimmung ihr zur Einschränkung gereicht«, heißt es weiter.[11] Beauvoir hat diese These zwar vor siebzig Jahren aufgestellt. Aber gilt nicht noch immer in vielen Zusammenhängen: Der Mann ist Mensch, die Frau primär Frau?

Wobei es mir schwerfällt, von *Frauen* und *Männern* zu schreiben, als seien diese Kategorien biologische Gegebenheiten. Für Simone de Beauvoir waren sie das noch. Doch spätestens in den neunziger Jahren geriet diese im Westen tradierte Binarität[12] bekanntlich ins Wanken, als Judith Butler nicht nur das soziale Geschlecht, sondern auch das biologische für konstruiert erklärte. Die Wahrnehmung von Geschlecht ist in den vergangenen Jahren stetig fluider geworden, die Vorstellung eines Spektrums, das zwischen männlich und weiblich noch viel mehr kennt, populärer. Immer mehr Menschen beanspruchen für sich, nicht-binär zu sein, und sogar das deutsche Personenstandsgesetz kennt seit 2019 für intergeschlechtliche Personen den Eintrag *divers*.

Trotzdem wäre es irreführend, über patriarchale Denkmuster und Verhaltensweisen zu schreiben, ohne von *Männern* und *Frauen* zu sprechen. Ein strukturelles Ungleichgewicht lässt sich am schärfsten verdeutlichen, wenn man die Binarität der ungleichgewichtigen Struktur möglichst genau beschreibt, wenn man sie »als Verkörperungen eingeschliffener Praktiken der Medizin, Biologie, Pädagogik, des Familienlebens, des Sprechens«[13] begreift, wie es die Philosophin Luise Meier formuliert – um solche Binarität im nächsten Schritt wieder zu verwerfen. Auch wenn wir die engen Pfade zweier Geschlechter gern verlassen würden, können wir eben noch nicht leugnen, dass es ein symbolisches Vorstellungsrepertoire von *Männlichkeit* und *Weiblichkeit* gibt. Um diesen binären Ballast durch die Luft zu wirbeln, müssen wir uns damit auseinandersetzen, wie er sich fortwährend zementschwer niederschlägt: politisch, ökonomisch, kulturell, sozial.

Doch was ist das überhaupt, *Weiblichkeit*? Man kann sagen, dass Weiblichkeit das ist, was bei der biologischen Kombination zweier X-Chromosome herauskommt. Das tut letztlich selbst die katholische Kirche, wenn sie Männer und Frauen strikt unterscheidet. Man kann Weiblichkeit aber auch, und das scheint im 21. Jahrhundert angebrachter, als psychologische *Disposition* begreifen. In ihrem 2019 erschienenen Essay *Females* beschreibt etwa die US-amerikanische Schriftstellerin Andrea Long Chu Weiblichkeit als »jeden psychischen Vorgang, bei dem das Selbst geopfert wird, um den Bedürfnissen anderer Platz zu machen«. Diese Bedürfnisse könnten real sein oder imaginiert, vage oder greifbar, könnten ganz allgemeine kulturelle oder auch sehr konkrete Erwartungen wie die sexuellen Ansprüche einer Partnerin umfassen. »Weiblich zu sein«, schreibt Long Chu und spricht dabei auch aus ihrer Position als trans Frau, »bedeutet, jemand anderen an deiner Stelle begehren zu lassen, auf deine eigenen Kosten.«[14] Das ist eine äußerst weite Definition – die alle Menschen einlädt, sich von ihr gemeint zu fühlen.

Wenn ich hier von *Frauen* schreibe, werde ich dieser Auffassung folgen und Weiblichkeit zunächst einmal als den erlernten und oft sicherlich unbewussten Impuls auffassen, eigene Bedürfnisse zu verleugnen und denen anderer Raum zu geben, den Impuls also, zu antizipieren, was gewünscht ist – oder auch schlichtweg keine andere Wahl zu haben. *Die Frauen* gibt es dabei natürlich nicht. Während sich Feministinnen in den sechziger und siebziger Jahren noch überaus selbstverständlich auf ein Subjekt *Frau* bezogen, erscheint es heute fast altmodisch, von *Frauen* zu sprechen, als seien sie eine homogene Gruppe. Dass Erfahrungen nicht nur durch Geschlechtszugehörigkeit, sondern mindestens genauso stark durch soziale Herkunft, rassifizierte Zuschreibungen, sexuelle Orientierung, Geschlechtsidentität und viele weitere Parameter bestimmt sind, ist im 21. Jahrhundert selbstverständlich. Manche weibliche Identitäten sind in besonders brutaler Weise von Zuschreibungen betroffen. Während asiatisch gelesene Frauen beispielsweise in kolonialistischer Tradition seit Jahrhunderten hypersexualisiert werden[15], werden Schwarze Frauen oft sowohl sexualisiert[16] als auch für aggressiv und furchterregend erklärt[17] – oder aber ihnen wird ihr Frausein nur bedingt zugestanden.[18] Die Bilder *weißer* Frauen sind oftmals mit dem Kult um ein »wahres« Frauensein verbunden – die Bilder Schwarzer Frauen hingegen »so einheitlich negativ, dass sie förmlich nach Widerstand schreien«, wie es die US-amerikanische Soziologin Patricia Hill Collins formuliert.[19]

Es ist also schwierig, von Frauen als einer Gruppe zu schreiben. Und dennoch bin ich davon überzeugt, dass süßliche Erzählungen viele Frauen betreffen. Um das zu veranschaulichen, nähere ich mich in diesem Buch drei Figuren. Von *Figuren* spreche ich, weil sie irgendwo zwischen Fiktion und Realität stehen, weil sie wirklich und unwirklich zugleich sind – und sich bei aller Vagheit brutal in unseren gesellschaftlichen Erfahrungswelten niederschlagen. Ich kenne diese Figuren von mir selbst, von Freundinnen und Frauen um mich herum, kenne sie aus öffentlichen wie privaten Kontroversen um Sex, Macht, Arbeit und Gewalt, kenne sie aus Zeitungsartikeln, Romanen und Serien der Gegenwart. Alle drei Figuren stellen verschiedene Facetten dessen dar, was ich insgesamt *süß* nenne.

Die *sanfte* Frau verzuckert eine erschöpfte, lohnarbeitende Welt. Sie verhält sich fürsorglich, ist aufmerksam, stets um das Wohlergehen anderer bemüht – und bildet, weniger als abstrakte Figur denn als seit Jahrhunderten hart beschäftigte Sorgearbeiterin, die Grundlage unseres Wirtschaftssystems. Die *sanfte* Frau ist quasi unsichtbar: Dass Frauen sich fortwährend um alles kümmern, ist so normal, wie dass Männer es weniger tun. Und natürlich werden Frauen dafür gar nicht oder schlecht bezahlt.

Die *süße* Frau betrachtet sich durch die Augen eines anderen, als sei sie eine Ware: verfügbar und konsumierbar. Sie begegnet uns in vielen Erzählungen gegenwärtiger Popkultur, in denen Frauen einfach immerzu Lust auf Sex zu haben scheinen, in Clubs, in denen sich Mädchen gegen ihren Willen anfassen lassen – aber auch in einer vermeintlich progressiven Sexualpolitik, die genau diese Umstände bekämpfen möchte.

Im Gegensatz dazu ist die *zarte* Frau sehr unschuldig. Sie ist dieses fragile Wesen, das uns auf Modefotografien aus ihren großen Wollpullovern fröstelnd anguckt. Die *zarte* Frau ist eine Hälfte, ein Schatten, ein Komplement; unvollständig. Sie findet sich in Biopics, die das Leben der Protagonistinnen lediglich anhand ihrer Liebhaber erzählen, in der verniedlichenden Berichterstattung über Politikerinnen, Künstlerinnen oder Straftäterinnen – und immer dann, wenn es ein Argument für die Unzurechnungsfähigkeit weiblicher Subjekte braucht.

Die Figuren der *sanften*, der *süßen* und der *zarten* Frau reagieren auf drei der wichtigsten Themenkomplexe, die feministische Kämpfe schon seit weit über einem Jahrhundert bestimmen: den Kampf um die Anerkennung von Sorgearbeit, den Kampf um sexuelle Selbstbestimmung und den Kampf um weibliche Mündigkeit und Souveränität. Durch alle diese Kämpfe wurde viel gewonnen, wenn auch lange nicht genug. Denn selbst wenn Frauen nicht mehr überall selbstverständlich für Kinder und Herd verantwortlich sind, wenn Vergewaltigung zumindest in den deutschsprachigen Ländern auch in der Ehe strafbar ist und wenn Frauen in Deutschland seit mittlerweile mehr als einem Jahrhundert wählen dürfen: Herrschaft bleibt auch dann bestehen, wenn sie rechtlich schon lange abgeschafft ist.

Die Philosophin Eva von Redecker bezeichnet dieses Phänomen als *Phantombesitz*. »Phantombesitz ist ein Grundbaustein moderner Identitäten«, schreibt sie in ihrem Buch *Revolution für das Leben*. »Er besteht einerseits im Anspruch, über bestimmte andere zu verfügen, und andererseits darin, auf bestimmte Weisen als verfügbar zu erscheinen. Phantombesitz kann man also haben – oder sein.«[20] Auf genau diese doppelte Wirkmächtigkeit – *haben oder sein* – möchte ich hinaus: Der Glaube, sich über die Arbeit, die Körper und den Verstand von Frauen hinwegsetzen zu können, betrifft schließlich nicht allein frustrierte Incels und Männerrechtler. Er betrifft potenziell uns alle. Er betrifft jene, die sich der Rudimente eines längst überholten Besitzanspruchs auf Frauen vielleicht gar nicht bewusst sind. Und er betrifft ebenso jene, die nicht allein gegen die Zuschreibungen und Zwänge des Außen ankämpfen – sondern sich auch gegen all das verwehren müssen, was in ihr eigenes Verhalten und Denken diffundiert ist.

Dass unsere Vorstellungen von Weiblichkeit noch immer ausgesprochen einschränkend sind, ist kein Wunder: Über Tausende von Jahren dienten Frauen als Musen, Partnerinnen und Projektionsflächen, wurden als selbst wirkmächtig imaginierende Subjekte jedoch wenig bis gar nicht wahrgenommen. Es lag in der Hand von Männern, Frauentypen zu erfinden und zu reproduzieren. Die Literaturwissenschaftlerin Silvia Bovenschen sprach von einem auf diese Weise entstandenen »gigantischen Figurenpanoptikum«, das in einem krassen Gegensatz zur historischen Wirklichkeit von Frauen steht: »Die Geschichte der Bilder, der Entwürfe, der metaphorischen Ausstattungen des Weiblichen ist ebenso materialreich, wie die Geschichte der realen Frauen arm an überlieferten Fakten ist.«[21] Wobei für diesen unerwünschten Reichtum von Figuren nicht ausschließlich Künstler verantwortlich sind, sondern ebenso, wie Virginia Woolf bereits 1928 entnervt feststellte, »Ärzte und Biologen [...], Professoren, Schulmeister, Soziologen, Geistliche, [...] Essayisten, Journalisten, Männer, die keinerlei Qualifikation haben außer der, keine Frau zu sein«.[22] Dass es all diesen Männern überhaupt in den Sinn kam, sich in deutungshoheitlicher Manier diese Figuren auszudenken, ist wiederum unter anderem unserer kapitalistischen Wirtschaftsordnung anzulasten, die auf der Ausbeutung weiblicher Arbeitskraft beruht – und bis heute notorisch Frauen in die materiell schlechtere Position katapultiert.

Wenn ich auf den kommenden Seiten von *Figuren* spreche, bedeutet das nicht, dass ich die ihnen zugrunde liegenden Phänomene als individuelle Herausforderungen begreife – im Gegenteil, sie sind Strukturen entwachsen, und wir alle sind Teil dieser Strukturen. Ich weigere mich, an die weibliche Eigenverantwortung zu appellieren und zum fröhlichen Empowerment aufzurufen. Ich werde vielmehr sichtbar machen, wie historisch gewachsene Erzählungen *süßliche* Figuren hervorbringen – und wie sich eine Gesellschaft imaginieren lässt, in der Frauen nicht die Glasur darstellen, sondern alle gleich viel von jedem nur möglichen Kuchen haben.

SANFT

Ihnen [den Männern] gefallen und nützlich sein, ihnen liebens- und achtenswert sein, sie in der Jugend erziehen und im Alter umsorgen, sie beraten, trösten und ihnen das Leben angenehm machen und versüßen: das sind zu allen Zeiten die Pflichten der Frau, das müssen sie von ihrer Kindheit an lernen. Geht man nicht bis auf dieses Grundprinzip zurück, so entfernt man sich vom Ziel, und alle Vorschriften, die man ihnen macht, können weder zu ihrem noch zu unserem Glück dienen.
JEAN-JACQUES ROUSSEAU (1762): ÉMILE ODER ÜBER DIE ERZIEHUNG[1]

Was ich an Nicole liebe: Sie nimmt einem jede Befangenheit, selbst in peinlichen Momenten. Sie hört wirklich zu, wenn jemand mit ihr redet. Manchmal hört sie zu gut zu, und zu lange. Sie ist eine gute Bürgerin. Sie findet immer den richtigen Weg, wenn es um komplizierten Familienkram geht. Wenn ich im Hamsterrad feststecke, weiß sie, wann sie mich drängen muss – oder mich in Ruhe lässt. Sie schneidet uns allen die Haare. […] Nicole macht tolle Geschenke. Sie ist eine Mutter, die spielt, also: richtig spielt. Sie drückt sich nie vor dem Spielen oder sagt, es wird ihr zu viel. Und es muss manchmal zu viel sein. […] Sie sorgt dafür, dass der Kühlschrank aus allen Nähten platzt. Bei uns muss keiner hungern.
CHARLIE IN NOAH BAUMBACH (2019): MARRIAGE STORY

Zwanzig ist ein Alter, in dem es den meisten Menschen entweder sehr gut oder sehr schlecht geht. Alle glücklichen Zwanzigjährigen gleichen einander, jede unglückliche Zwanzigjährige ist auf ihre eigene Weise unglücklich, würde Leo Tolstoi vielleicht sagen. Ich gehörte zu den eher unglücklichen Zwanzigjährigen, was sich vor allem darin ausdrückte, dass ich enorm schlecht schlief. Eigentlich kaum. Monatelang. Ein miserabler Zustand, der mich irgendwann dazu brachte, für einige Wochen in eine Klinik zu gehen. Der Himmel und der Chiemsee waren so azurblau wie auf den Fotos im Internet, und mit ihrem riesigen Garten und dem Blick in die Berge glich die Klinik einer traumhaften Hotelanlage, in der sich neben ausgebrannten CEOs aus dem Großraum München auch schlaflose Krankenkassenpatientinnen wie ich aufhielten. Die meisten waren zwischen vierzig und sechzig Jahre alt, Gleichaltrige gab es leider kaum. Ich vermutete sie in der Klinik für Magersucht und Bulimie auf der anderen Seeseite.

Fünf Wochen sind eine lange Zeit, wenn sich die Freizeitgestaltung auf einen See, einen Fernseher und einige Bücher beschränkt, und so musste ich mich notgedrungen mit den CEOs anfreunden. Im Nu kannte ich ihre Biografien: die Geschichte von Kurt, der von seiner Frau verlassen worden war und sich seitdem sozial isolierte. Die Geschichte von Peter, der nach dem Tod seiner Mutter alkoholabhängig geworden war. Die Geschichte von Jochen, der im Alter von fast sechzig Jahren von einem frühkindlichen Trauma heimgesucht wurde. Ich saß wahlweise in der Lobby, auf einer Bank am Seeufer oder in der Sauna, während mir die alten Männer ihre Biografien erzählten. Ich nickte, stellte Nachfragen und zeigte Mitgefühl. Niemandem aber erzählte ich von meinem eigenen Unglück. Meist kürzte ich den Grund meines Aufenthalts damit ab, ich könne eben zur Zeit nicht so gut schlafen. Einmal, als ich gerade in die morgendliche Tagesplanungsrunde gestolpert war, sagte ein Patient zu mir: Ich freue mich jedes Mal, dich zu sehen – du strahlst immer so!

Ich weiß nicht, ob er meine Augenringe, die tiefer lagen als der Grund des Chiemsees, nicht bemerkt hatte. Vielleicht strahlte ich durch seine depressiven Scheuklappen wirklich. Ich gab mir jedenfalls gewaltige Mühe, mir mein Unglück nicht anmerken zu lassen. Man hätte mich für eine Alibi-Patientin halten können, die heimlich von der Klinik angestellt war: eine junge Frau, die sich stets darum bemühte, alle freundlich anzulächeln und sich interessiert die Geschichten der erschöpften Google-Mitarbeiter anzuhören. Als mich Wochen nach meiner Ankunft eine Therapeutin darauf aufmerksam machte, dass es durchaus in Ordnung wäre, wenn ich auch mal schlecht drauf sei, dass darin ja eigentlich der Grund meines Aufenthalts bestand, wurde mir klar, dass ich viel Energie darauf verwandt hatte, eine Rolle auszuüben, so gut es nur ging.

Im Nachhinein erscheinen mir meine Gespräche mit Kurt, Peter und Jochen bizarr. Ich mache diesen Männern nicht zum Vorwurf, dass sie sich mir in solch exorbitanter Weise anvertrauten. Ich frage mich vielmehr selbst: *Warum* habe ich mir all die Storys dieser Männer fortwährend angehört, anstatt mich mit meiner eigenen Krise zu beschäftigen? In der Zeit, in der ich zuhörte, lächelte und nickte, hätte ich lieber ein kleines Nickerchen probieren können.

In diesem Kapitel wird es um die Figur der *sanften* Frau gehen. Das Leid, die Sorgen, die Erschöpfung dieser Welt sind ihr Metier. Selbstlos nimmt sie sich all jener an, die dringend eine sanfte Schulter brauchen – und meistert selbstverständlich und mit mildem Lächeln die unzähligen Herausforderungen des Alltags, für die Frauen angeblich nun einmal prädestiniert sind. Die *sanfte* Frau ist gut im Geben, niemals laut, niemals fordernd. Still leistet sie das, was verschiedene Strömungen des Feminismus mal als Reproduktionsarbeit, mal als Care-Arbeit bezeichnen. Still legt sie auf diese Weise fortwährend das Fundament allen kapitalistischen Wirtschaftens. Doch dazu erst gleich, zunächst die soften Basics.

Sanft zu sein bedeutet, ständig beschäftigt zu sein. Im Gegensatz zur *süßen* Frau und zur *zarten* Frau wird die *sanfte* Frau nicht zur Passivität verdammt, sondern in ihrem emsigen, unterstützenden, *sanften* Tun idealisiert. Das Patriarchat war schon immer halbwegs einfallsreich darin, mannigfaltige Erklärungen dafür zu finden, warum das Kümmern eine weibliche Aufgabe sein solle. Diese reichen von besonderer Begabung über altruistische Veranlagung bis zu biologisch-natürlichem Schicksal – und gleichen sich darin, dass *Sanftheit* ihnen zufolge eine Eigenschaft und keine Leistung ist. Dass das nicht mehr als klebrige Ideologie darstellt, haben Anthropologie und Gegenwart längst bewiesen: Kinder, Küche und Kopfkraulen können alle Geschlechter. Dennoch hält sich das Phantasma der *sanften* Frau in der Realität ausgesprochen hartnäckig.

Es zeigt sich etwa, wenn die Mutter einer Hetero-Familie bemerkt, dass sie letztendlich doch mehr Zeit mit Kümmern und Organisieren verbringt als ihr Partner (macht sie das nicht auch einfach *gern*?), wenn sich an der schlechten Bezahlung in Care-Berufen trotz globaler Pandemie nichts ändert (haben die hier überdurchschnittlich viel beschäftigten Frauen[2] ihren Job etwa nicht auch *aus Berufung* gewählt?), wenn schwulen Paaren abgesprochen wird, gute Eltern zu sein (da fehlen doch die *mütterlichen* Qualitäten?), wenn weibliche Rentnerinnen wie selbstverständlich in Altersarmut stürzen (haben die in ihrem Leben denn überhaupt *richtig gearbeitet*?), wenn Politikerinnen vorgeworfen wird, sie könnten doch nicht Mutter *und* Bundestagsabgeordnete sein (offenbar eine *Rabenmutter*?), oder wenn Reinigungskräfte zu ausbeuterischen Arbeitsbedingungen beschäftigt werden (haben die denn überhaupt eine *Ausbildung*?). *Sanftheit* als ein natürlicher Mix aus Kümmern, Helfen, Hinterherwischen wird bei Frauen ebenso vorausgesetzt, wie er bei allen anderen nicht vorausgesetzt wird. Was stets auch damit zu tun hat, in welcher Einkommensklasse man sich bewegt: Je niedriger der sozioökonomische Status einer Frau, umso perfider zeigt sich die Abwertung ihrer Arbeit als *sanftes* Tun.

Denn *Sanftheit* ist vor allem: Arbeit. Natürlich kann es schön sein, jemanden zu umsorgen, sei es einen liebeskummerkranken Freund, eine einsame Großmutter, ein frischgeborenes Baby, eine kranke Partnerin, ein überfordertes Schulkind, einen dementen Vater. Zur *Sanftheit* sozialisierte Frauen finden oftmals Erfüllung darin, zu geben – genauso wie bedeutend weniger Männer, denen allerdings gebende Positionen auch ungleich weniger auferlegt werden. Ob Erfüllung oder nicht: Fortwährendes Geben bedeutet Anstrengung, und unter Umständen ist es äußerst kräftezehrend, jemandem die volle Aufmerksamkeit zu schenken – egal, ob man dafür entlohnt wird oder nicht. Darum war es im Laufe der Geschichte des Patriarchats immer wieder ein genialer Einfall, diese Arbeit zur Nicht-Arbeit, eben zur *Sanftheit* zu verklären und beispielsweise im europäischen Bürgertum des 19. Jahrhunderts die Mutterschaft zur größten weiblichen Erfüllung überhaupt zu stilisieren, wodurch die täglichen Anstrengungen vieler Frauen unsichtbar gemacht wurden. Wie konnte es nur dazu kommen?

Seit einigen Jahren und spätestens seit einer weltweiten Pandemie steht das Thema Fürsorge immer stärker im Licht der Öffentlichkeit. Ein umfangreiches Vokabular beschreibt derzeit die verschiedenen Facetten von *Sanftheit*. Begriffe wie *Care* und *Sorgearbeit* etwa beziehen sich sowohl auf den privaten als auch den beruflichen Alltag – und verdeutlichen, dass *Sanftheit* Frauen in allen Lebenszusammenhängen abverlangt wird. *Mental Load* bezeichnet den gedanklichen Ballast, den das fortwährende Verantwortungsgefühl und Mitdenken für andere, für Kinder, Freundinnen, Mitbewohnerinnen, Kolleginnen, Partnerinnen mit sich bringt. Und *emotionale Arbeit* beschreibt die berufliche Anforderung, sich stets freundlich und zuvorkommend verhalten zu müssen, was sowieso für feminisierte Berufe gilt, beispielsweise den der Flugbegleiterin[3] – aber letztlich für alle Arbeitszusammenhänge, in denen Frauen Geld verdienen.

Dass sich Frauen, ob am Chiemsee oder sonst wo auf der Welt, besonders *sanft* verhalten, wird oftmals als individuelle Problemlage verstanden. Dieser Gedanke ist typisch für den Potenzfeminismus, wie ich ihn eingangs getauft habe: Ihm zufolge müssten Frauen lediglich ihre Sozialisation über Bord werfen, um dann eine geschlechtergerechte Welt betreten zu können. Seid weniger nett, betreibt mehr Selfcare!, ruft dieser überaus liberale Diskurs all den freundlichen, fürsorglichen, aufmerksamen Frauen zu, die sich daraufhin bemühen, etwas weniger freundlich, fürsorglich und aufmerksam zu sein. Gönnt euch ein Schaumbad, macht Yoga, werft notfalls eine Escitalopram ein! Wenn Frauen weniger *sanft* sind, so die binäre Rechnung, müssen Männer es eben mehr sein. Problem gelöst.

Und es ist ja auch toll, dass die Aufmerksamkeit für Sorgearbeit in den vergangenen Jahren gestiegen ist. Junge Väter nehmen stolz Elternzeit in Anspruch (zwei Monate), Journalistinnen veröffentlichen entnervte Pamphlete wider die männliche Zurückhaltung in Haushaltsfragen. Viel zu oft allerdings verbleiben solche Ansätze und Debatten auf der Ebene individueller Verantwortlichkeiten, mit denen sich gutverdienende Hetero-Akademikerpaare auseinandersetzen, sofern sie denn wollen. Wenn ich den Staubsauger nicht länger schwinge, dann musst du ihn schwingen, und wenn du ihn nicht schwingst, dann schwingt ihn notfalls eine Reinigungskraft, die wir zwar an der Steuer vorbei, aber dennoch richtig philanthropisch mit Mindestlohn bezahlen. Die Reinigungskraft ist nahezu immer eine Frau. Wie viel ist bitte erreicht, wenn einige wenige Frauen nicht staubsaugen, weil andere für sie staubsaugen?

Da lohnt der Blick auf feministische Strömungen, die die Chance auf Wandel weniger im Privaten sehen. Bereits ab dem Ende des amerikanischen Bürgerkriegs 1865 kämpften Generationen von Feministinnen – ihr Zugriff wird oft *materialistisch* genannt – gegen die Verklärung weiblicher Arbeit zu dem, was ich *Sanftheit* nenne. Sie verstanden die stillschweigend geleistete weibliche Arbeit als Fundament, auf dessen Grundlage sich Menschen überhaupt erst von ihrer Erwerbstätigkeit regenerieren und Kinder zu Arbeitskräften heranwachsen konnten. Der *Produktions*arbeit stellten sie so die *Reproduktions*arbeit als notwendiges Pendant gegenüber. Im Unterschied zum Begriff der *Care-Arbeit* geht es bei dieser weniger um den Inhalt der Tätigkeiten als um ihre gesellschaftliche Funktion. Diese Betrachtungsweise ist nach wie vor mehr als brauchbar: Auch heute noch liegt die Quelle der Geschlechterungleichheit im Wesen kapitalistischer Gesellschaften, in denen sich depressive CEOs bei schlaflosen Frauen ausheulen.

Das liberale und das materialistische Verständnis von *Sanftheit* schließen sich nicht aus. Beide Denkweisen verstehen Geschlecht nicht als natürlich, sondern als gemacht. Sie unterscheiden sich bloß in der Tragweite, die sie dieser Gemachtheit zusprechen. Liberale Feministinnen berufen sich oftmals auf konstruktivistische Ansätze, die Geschlecht als performativ begreifen: *Doing Gender* nannte das die Philosoph_in Judith Butler[4] in ihrem 1990 erschienenen Klassiker *Das Unbehagen der Geschlechter*.[5] Geschlecht, so Butlers Kernthese, sei ein Konstrukt. Darüber, was damit genau gemeint ist, wurde und wird viel diskutiert – doch kurz gefasst kann man im Sinne Butlers darauf wetten, dass etwas, das als typisch weiblich oder typisch männlich gilt und vielleicht sogar als biologische Gegebenheit, sich stets zumindest *auch* als Produkt der Gesellschaft entpuppt – schon allein, weil naturwissenschaftliche Forschung bei aller angestrebten Objektivität immer auf gesellschaftlich geprägtem Wissen aufbaut. Läge es da nicht nahe, dass wir uns durch diese Erkenntnis und durch das freie Spiel mit geschlechtlichen Zuschreibungen ein Stück weit aus diesen befreien können – und damit viel mehr Möglichkeiten der individuellen Entfaltung erhalten? Weiblichkeiten werden in diesem Sinne oft als eine Performance verstanden, die man durch stereotype, beispielsweise *sanfte* Verhaltensweisen wiederholt und stabilisiert – doch ließe sie sich auch bewusst und gezielt parodieren und die geschlechtliche Ordnung dadurch durcheinanderbringen. Oder in den Worten Judith Butlers: »Wir sind zwar in gewisser Weise verpflichtet, die Geschlechternormen zu reproduzieren, aber die Polizei, die darüber wacht, ob wir dieser Pflicht auch nachkommen, nickt manchmal im Dienst ein.«[6]

Liberale Herangehensweisen interpretieren diese These auf erschütternd unterkomplexe Weise: Ihnen zufolge ließe sich Geschlechtergerechtigkeit bereits durch individuelle Verhaltensänderung herbeiführen – als ob sich ökonomische und politische Verhältnisse so leicht umwälzen ließen. »Man schmeißt die Boys einfach raus, wenn sie nicht mitmachen«, konstatiert etwa eine Berliner Journalistin und empfiehlt jenen Frauen, die »nicht einmal die Miete für eine 1-Zimmerwohnung zahlen« können, doch einfach ökonomisch unabhängig zu werden, anstatt über all die Care-Arbeit zu jammern.[7]

Warum aber sind Frauen überhaupt *sanft*? Diese Frage berührt eine umfassende, nämlich die, was eine Gesellschaft eigentlich benötigt, um ihren Aufgaben nachgehen zu können. Ist *Sanftheit* nicht schlicht erforderlich, um all die mit ihr assoziierten Tätigkeiten ausüben zu können? Und ist vielleicht alles der *Sanftheit* Entgegengesetzte ebenso erforderlich, um zur Erwerbsarbeit zu disziplinieren? Und ist nicht wiederum das, was wir als binäres Geschlechtermodell kennen, vor allem das historische Ergebnis einer Arbeitsteilung in diese beiden Aufgabenbereiche, die eben vergeschlechtlicht wurde? Was bedeuten würde, dass das, was wir als Subjektivität verstehen und seit einigen Jahrhunderten so stark nach der Unterscheidung in Männer und Frauen filtern, vor allem die Subjektivierung objektiver Verhältnisse wäre.[8] »Emotionalität und Rationalität, Empfindsamkeit und Härte, Beziehungs- und Sachbezogenheit usw. sind Erfordernisse spezifisch ausdifferenzierter Arbeitsbereiche«, schreibt das queerfeministische Kollektiv Kitchen Politics.[9] Jedoch waren Gesellschaften nicht immer auf *sanfte* Frauen angewiesen.

Im Feudalismus arbeiteten Menschen aller Geschlechter bekanntlich in der Landwirtschaft, wenn sie nicht im Kloster, in der Stadt oder in Armut lebten oder aber adlig waren. Im riesigen Agrarbereich erledigten einfach alle alles, die Trennung von Erwerbs- und Sorgearbeit, wie wir sie heute kennen, gab es in dieser Form noch nicht. Kleiner Sprung: Mit der Industrialisierung, so stellt es die feministische Theoretikerin Silvia Federici dar, verlagerte sich dann der Arbeitsschwerpunkt vieler Menschen sukzessive in die Fabriken, in denen erst einmal ebenfalls alle Geschlechter schufteten. Durch die dortigen langen und anstrengenden Arbeitstage waren sie kaum mehr imstande, sich selbst zu reproduzieren, sich also um jegliche Arbeit jenseits ihrer Erwerbstätigkeit zu kümmern. Die Folgen waren eine geringe Lebenserwartung durch Überarbeitung und außerdem die massenweise Vergabe von Opiaten an Kinder, was zu einer hohen Kindersterblichkeit führte. Erst Mitte des 19. Jahrhunderts wurde die Erwerbstätigkeit von Frauen in Fabriken verringert. So war nun die reproduktive Arbeit gewährleistet: Die Frauen blieben fortan zu Hause und kümmerten sich um Kinder und Haushalt. Der Lohn der Männer wiederum stieg. Voilà: Die geschlechtliche Arbeitsteilung im Kapitalismus war geboren.[10]

Praktisch lohnarbeiteten viele Frauen allerdings weiterhin, sei es zu geringeren Gehältern in den Fabriken oder in Form von Handarbeiten zu Hause. Bis zu den fordistischen Innovationen der Fabrikarbeit ab den zwanziger Jahren des 20. Jahrhunderts, durch deren Produktivitätssteigerung auch Arbeiterfamilien in Reichweite des Paarmodells kamen, in dem der Lohn des Mannes für zwei Menschen reichte, blieb *Sanftheit* so ein bürgerliches Weiblichkeitsdeal, das für proletarische Frauen unerreichbar war – und das sich trotzdem kulturell durchsetzte.

Um die vermeintliche Natürlichkeit weiblicher *Sanftheit* zu propagieren, drehen Konservative den Zeitstrahl gern noch etwas weiter zurück: Anstelle der Industrialisierung zaubern sie oft die Steinzeit herbei. Damals, im Paläolithikum, hätten die Männer gejagt und die Frauen gesammelt, und dass Frauen auch heute noch am besten zu Hause blieben, habe natürlich damit zu tun. Die Figur der *sanften* Frau ist jedoch keineswegs so alt, wie so viele männermagazinmäßige Jäger-und-Sammler-Erzählungen suggerieren: Dafür, dass in der Steinzeit die Jagd außerhalb der privaten Sphäre allein von Männern ausgeführt wurde, während Frauen für die Sorgearbeit verantwortlich waren, gibt es keinerlei historische Hinweise[11] – außer vielleicht den, dass die diese Angelegenheit untersuchende Anthropologie über lange Zeit hinweg eine männlich dominierte Wissenschaft war. Auch heute noch liegt der Frauenanteil in ihren wichtigsten Organisationen bei unter einem Viertel.[12]

Für eine in der voranschreitenden Moderne zunehmend verunsicherte Geschlechterordnung aber war die Fiktion der jagenden Männer und der *sanft* sammelnden Frauen ein dankbares Deutungsangebot. Indem man die Anthropologie heranzog, glaubte man auch noch in den Jahren nach dem Nationalsozialismus, die geschlechtliche Arbeitsteilung wiederherstellen zu können. Doch bei aller Fetischisierung der lieblichen Schürzenträgerinnen, die flink durch die praktischen Modellküchen turnten: Die Trennung in *sanfte* Frau und werktätigen Mann ließ sich nicht mehr so leicht herstellen. Während des Nationalsozialismus hatten viele Frauen die Erfahrung gemacht, sich für die eigene Existenz nicht auf Männer um sie herum verlassen zu können – ein Grund dafür, dass die Hausarbeit ein politisches Thema blieb.

In den sechziger und siebziger Jahren entstand erst in den USA, dann in Europa eine Massenbewegung von Frauen, die sich nicht länger mit dem Schicksal am Herd zufriedengeben wollten.[13] Eine der berühmtesten Aktionen dieser Zeit ist die internationale »Lohn-für-Hausarbeit«-Kampagne, *Wages for Housework,* die marxistische Feministinnen wie Silvia Federici und Mariarosa Dalla Costa Mitte der siebziger Jahre lostraten. Ziel ihrer Initiative war es, die essenzielle Bedeutung der Reproduktionsarbeit zu verdeutlichen. Mit ihrem berühmten Satz »Sie nennen es Liebe, wir nennen es unbezahlte Arbeit« stellte Silvia Federici trocken fest, was heute in feministischen Instagram-Bubbles Konsens ist. Doch war der damalige Geist weitaus radikaler als viele gegenwärtige liberale Diskussionen rund um Care-Arbeit. »Die Unterdrückung der Frau begann keineswegs mit dem Kapitalismus«, schrieb Dalla Costa 1974 in ihrem Pamphlet *Die Macht der Frauen und der Umsturz der Gesellschaft.* »Was mit dem Kapitalismus begann, war die noch intensivere Ausbeutung der Frauen als Frauen.«[14] Dieser Ausbeutung wollte die Kampagne gerade nicht begegnen, indem Hausarbeit angemessen entlohnt und dadurch als weibliche Sphäre institutionalisiert werden sollte – genauso wenig, wie sie umgekehrt die Erwerbstätigkeit von Frauen als Lösung ansah.

Stattdessen wurden die Arbeitsverhältnisse im Kapitalismus grundsätzlich in Frage gestellt.

Die US-amerikanische Bürgerrechtlerin Angela Davis, die sich Anfang der achtziger Jahre für eine öffentliche Organisation der Sorge in Form großer Wäschereien, Kantinen und Kinderbetreuung aussprach, äußerte sich ausgesprochen skeptisch über die »Lohn-für-Hausarbeit«-Kampagne: All die Frauen, die als Reinigungskräfte und Dienstmädchen tätig seien, bewiesen doch, dass eine Bezahlung von Hausarbeit gerade nicht zu einem besseren Status verhelfe, schrieb sie.[15] Schwarze Frauen, die in den USA vor allem als Bedienstete tätig seien, hätten im Vergleich zu *weißen* Hausfrauen ohnehin noch nie die Zeit und Energie gehabt, Expertinnen in Sachen Häuslichkeit zu werden (was in verwandter Weise, kann man ergänzen, alle proletarischen Frauen betraf).[16] Die Vertreterinnen der Kampagne übersähen außerdem das Gefühl des Eingesperrtseins, das viele Hausfrauen eine. »Können Löhne die Mauern ihres Gefängnisses niederreißen? Der einzig realistische Ausweg aus diesem Gefängnis ist die Suche nach einer Arbeit außerhalb des Haushalts«, so Davis.[17]

Dieser Ansatz, der weltweit von vielen Feministinnen vertreten wurde, setzte sich letztendlich durch. Für einen Großteil der Frauenbewegungen der nördlichen Hemisphäre war die gesamte zweite Hälfte des 20. Jahrhunderts über die möglichst erfolgreiche Erwerbstätigkeit von Frauen das emanzipatorische Versprechen schlechthin.[18] In den siebziger Jahren fiel es mit einer anderen Entwicklung zusammen: Im Angesicht von Wirtschaftskrisen erwies sich der Familienlohn, mit dem ein Vater seine Kleinfamilie komplett ernähren konnte, aus Unternehmerperspektive als zu teuer.[19] Er wurde schrittweise gesenkt, wodurch die Erwerbstätigkeit von Frauen zu einer ökonomischen Notwendigkeit wurde.[20] Aus einem bereits im 19. Jahrhundert von Frauen ersehnten und umkämpften feministischen Traum war also über hundert Jahre später eine kühle Erfordernis ökonomischer Umwälzungen geworden: Um die Wirtschaft am Laufen zu halten, sollten nun alle Geschlechter gleichermaßen den Arbeitsmarkt befeuern.

Ironischerweise führte die zunehmende Erwerbstätigkeit von Frauen auch zu einem Schwund feministischer Solidarität. War es zu Beginn der neuen feministischen Bewegung in den sechziger Jahren noch undenkbar gewesen, andere Frauen zu schlechten Löhnen und Arbeitsbedingungen zu beschäftigen, um sich selbst als Frau der Lohn- anstelle der Sorgearbeit widmen zu können, war von solchem Ethos in den neunziger Jahren nicht viel übrig. »Am Ende des Tages«, zog die afroamerikanische Literaturwissenschaftlerin bell hooks im Jahr 2000 Bilanz, »wollen die meisten weißen Frauen privilegierter Klassen, ebenso wie die gleichgesinnten aufstrebenden Frauen anderer Hautfarben, mehr Klassenprivilegien und soziale Gleichberechtigung mit den Männern ihrer Klassen, als Freiheit für sich selbst und ihre ausgebeuteten und unterdrückten Schwestern.«[21] Die Formel Lohnarbeit = Emanzipation galt und gilt, so hart erkämpft sie auch war, nur für einige wenige.[22] Dass ihre Anliegen derart glattgeföhnt werden würden, hatten die Feministinnen der zweiten Welle kaum ahnen können.

Auch in Deutschland lässt sich seit den siebziger Jahren beobachten, dass mehr Frauen auf dem Arbeitsmarkt keineswegs ein Mehr an sozialer Gerechtigkeit bedeuteten. Die *horizontale* Diskriminierung, also die von Frauen und Menschen aus Einwanderinnenfamilien, nahm in den vergangenen Jahrzehnten zwar ab, schreibt der Soziologe Oliver Nachtwey.[23] Die *vertikalen* Unterschiede zwischen verschiedenen sozialen Klassen nahmen jedoch, verglichen mit dem Sozialstaat der Nachkriegsjahrzehnte, gleichzeitig zu: Obwohl die Gleichstellungsmaßnahmen universell ausgerichtet waren, wirkten sie sich für unterschiedliche Gruppen unterschiedlich aus. Nachtwey spricht in diesem Zusammenhang von einer *regressiven Modernisierung*: Unsere Gesellschaft hat sich zwar liberalisiert, sie ist aber zugleich sozial ungerechter geworden. Ja, es arbeiten mittlerweile viel mehr Frauen – vor allem jedoch in schlecht bezahlten Berufen, als Reinigungskräfte, Kassiererinnen und Krankenpflegerinnen, und viele von ihnen sind migrantische Frauen.[24]

In der DDR wiederum galt weibliche Berufstätigkeit bereits von Beginn an als Ideal – nicht allein aus sozialistischer Überzeugung, sondern auch hier aus arbeitsmarktpolitischen Interessen.[25] Während man in Westdeutschland den Mangel an Arbeitskräften von den fünfziger Jahren an durch das Anwerben von Gastarbeiterinnen aus Italien, Griechenland, Spanien, der Türkei und vielen anderen Ländern kompensierte, ohne deren Einsatz der wirtschaftliche Wohlstand niemals möglich gewesen wäre, betrieb man im Osten »Emanzipation von oben«.[26] Diese führte dazu, dass Frauen in der DDR durchschnittlich ökonomisch unabhängiger waren als ihre Altersgenossinnen jenseits der Mauer, worauf zum Beispiel die sehr viel höheren Scheidungsraten hindeuten.[27] Im Osten war die Ehe für Frauen kein ökonomischer Deal, der als eine von wenigen Möglichkeiten finanzielle Absicherung garantierte – männlicher Lohn gegen weibliche *Sanftheit* –, sondern eine mehr oder weniger von ökonomischen Überlegungen befreite Angelegenheit, die sich auch leichter beenden ließ, wenn man nicht mehr zufrieden war. Für Scheidungen benötigte man noch nicht einmal eine Anwältin.

Doch auch in der DDR war die private Arbeitsteilung dadurch bei Weitem nicht einfach aufgelöst. Ostfrauen sahen sich nicht nur mit einer Doppel-, sondern einer Dreifachbelastung konfrontiert: Sie sollten fleißige Arbeiterinnen, *sanfte* Hausfrauen und politisch engagierte Sozialistinnen zugleich sein. 1989 trugen sie noch vierzig Prozent zum Familieneinkommen bei, die meisten von ihnen arbeiteten in Vollzeit.[28] Ihre Situation verschlechterte sich sodann rasant. Die Treuhandpolitik zerstörte Betriebe und Arbeitsplätze, es kam zum demografischen Stillstand: Die Zahlen der Eheschließungen und Geburten sanken nach 1990 um jeweils etwa die Hälfte, auch die Zahl der Scheidungen ging stark zurück.[29] Vor allem Frauen wanderten nach Westdeutschland ab.

Seit 2003 ist die Berufstätigkeit von Frauen in Ost- wie Westdeutschland ein offizielles Ziel der deutschen Familienpolitik.[30] Die erfolgreich erwerbstätige Mutter, die sich sowohl vergnügt ihrer Vierzig-Stunden-Woche als auch ihrer vierköpfigen Familie hingibt, gilt als Ideal. Veränderte sich das Phantasma der *sanften* Frau, während sich ihr Platz in der Gesellschaft seit den siebziger Jahren durch das postfordistische Doppelverdiener-Modell verschob? Nicht wirklich.

Dass Frauen vermehrt gegen Lohn arbeiteten, hatte lediglich zur Folge, dass ihnen weniger Zeit für Sorgearbeit blieb. Bei aller feministischen Kritik am Alleinernährermodell hatte die vorangegangene strikte Arbeitsteilung in Lohn- und Sorgearbeit zumindest garantiert, dass der Hausfrau der Mittelklasse ausreichend Zeit zur Verfügung stand.[31] Nun aber wurde die Sorgearbeit zunehmend aus den Familien ausgelagert und dabei nicht nur, wie oben beschrieben, an schlecht bezahlte Care-Arbeiterinnen delegiert, sondern in vielen anderen Bereichen neu auf gewinnorientierter und sozialstaatlicher Ebene organisiert, in Deutschland beispielsweise durch den massenhaften Ausbau von Kindergärten in den nuller Jahren.[32]

Zeitgleich wurden jedoch über die Jahrzehnte hinweg Sozialleistungen sukzessive abgebaut beziehungsweise in die Pflichten der Einzelnen wegprivatisiert. Bis heute verlagert so die in den »privaten« Bereichen wie Bildung, Erziehung, Gesundheit und Pflege ganz besonders wirksame neoliberale Sparpolitik die Sorgearbeit *zurück* in die Haushalte. Wo Kinder nicht ausreichend gefördert und pflegebedürftige Angehörige nicht ausreichend versorgt werden können, springen in den meisten Fällen doch wieder Frauen ein – als Töchter, Mütter, Partnerinnen, Nachbarinnen, Tanten, Schwiegermütter, Exfrauen, Freundinnen, Großmütter, Schwiegertöchter, Kolleginnen. Durch die zunehmende Erwerbstätigkeit von Frauen hat also keinesfalls eine einfache Umverteilung von Sorgearbeit stattgefunden. Im Gegenteil: Das Funktionieren unserer Gesellschaft ist nach wie vor auf die *sanfte* Frau angewiesen. Sie ist nun bloß noch weniger sichtbar als in den seligen fünfziger Jahren, als sie mit Schürze am Herd stand. Heute dagegen hechtet sie aus ihrem Vollzeitjob nach Hause, um schnell noch ein vitales Tiefkühlgericht in die Pfanne zu werfen. Work-Life-Balance eben.

Vielleicht wollte Beyoncé auf genau diese unbezahlte Arbeit hinweisen, als sie 2011 die Frage *Who run the world?* mit *Girls!* beantwortete. Dann hatte sie völlig recht. Doch aufmunternde Parolen allein helfen nicht weiter. Es liegt eben nicht ausschließlich in der individuellen Verantwortung von Frauen, aus sich selbst heraus diese Welt geschlechtergerechter zu machen. Man wird nicht als *sanfte* Frau geboren, man wird dazu gedrängt, und das vor allem in heterosexuellen Partnerschaften: Die wenigen Studien, die sich mit der häuslichen Arbeitsteilung bei lesbischen Paaren beschäftigen, zeigen, dass hier ein strukturelles Ungleichgewicht nahezu fehlt. Beim Thema Sorgearbeit heterosexuelle Beziehungen in den Fokus zu rücken, heißt also nicht, sie als Norm zu setzen, sondern vielmehr, das ihnen oftmals innewohnende Unterdrückungsverhältnis zu problematisieren.[33]

Stellen wir uns eine junge heterosexuelle Frau vor, die sich,

Beyoncé im Ohr, fest vorgenommen hat, zugleich berufstätig und Mutter zu sein. In vielen Gesprächen mit ihrem feministisch durchaus versierten Partner erkennt sie, dass es mehr Sinn ergibt, wenn sie mehr Elternzeit als er in Anspruch nimmt. Ihr Freund verdient eh besser, einfach nur, weil er ein Mann ist, und von irgendwas muss man die überteuerte Miete der Drei-Zimmer-Wohnung schließlich bezahlen. Zwei Jahre später möchte sie in ihren Beruf zurückkehren. Da sie dank ihrer Organausstattung jederzeit erneut schwanger werden und ausfallen könnte, wird ihr jedoch bei leicht verändertem Stellenzuschnitt ein schlechteres Gehalt als früher angeboten. Denn für Frauen, die einige Zeit nicht erwerbstätig sind, gilt eben, ökonomisch ausgedrückt, dass »ihr bereits angehäuftes Humankapital in Form ihrer Ausbildung und anderer bereits in die Erwerbssphäre investierter Ressourcen eine Abwertung [erfahren hat]«.[34] Wissen und Kenntnisse gingen verloren oder sind nicht mehr auf dem aktuellen Stand. Pech gehabt.

Aus dieser Perspektive ist mehr als nachvollziehbar, warum Frauen, heterosexuelle zumal, sich für berufliche Tätigkeiten entscheiden, die weniger kosten- und vorbereitungsintensiv sind, als ihnen möglich wäre. »Es ist praktischer, naheliegender, rationaler und effizienter, sich als Frau auf Haus- und Reproduktionsarbeit ›zu spezialisieren‹«, schreiben die Ökonominnen Bettina Haidinger und Käthe Knittler.[35] Die Entscheidung von Frauen zu unbezahlter Sorgearbeit ist also gerade nicht Ausdruck einer *sanften* Neigung, sondern genau umgekehrt immer wieder das Ergebnis pragmatischer, von den politisch vorgegebenen Rahmenbedingungen geprägter Kosten-Nutzen-Abwägungen: beispielsweise weil der Partner mehr verdient; beispielsweise weil man sich als Person mit Uterus darüber bewusst ist, auf dem Arbeitsmarkt diskriminiert zu werden, wo die potenzielle Gebärfähigkeit im Sinne der Verwertungslogik ein *Risiko* darstellt; beispielsweise weil das deutsche Steuerrecht mit dem Ehegattensplitting noch immer ein Fossil aus dem Jahr 1958 reproduziert und das Alleinverdienermodell honoriert, dem folgend in der Hetero-Kleinfamilie dann doch meist die Frau zu Hause bleibt.

Es ist wichtig, diesen Ausflug in die Abgründe des deutschen Rechts und des deutschen Arbeitsmarkts immer wieder zu unternehmen. Denn nicht nur rechtskonservative und neoliberale Stimmen betonen allen Fakten entgegen weiterhin trotzig, dass es doch die *freie Wahl* einer Frau sei, sich entweder für Karriere oder für Familie zu entscheiden – oder eben für beides, trotz aller offensichtlichen Diskriminierungen. Dass Frauen Sorgearbeit oder weniger lukrative Berufe wählen, sei einer »weiblichen Präferenzstruktur« anzulasten[36], was nichts anderes meint, als dass Frauen nun einmal angeblich gern *sanft* sind. Selbst ein Soziologieprofessor, der es eigentlich besser wissen müsste, säuselt von der »höheren Motivation von Frauen [...], sich um Kinder zu kümmern«.[37] Der Gleichberechtigung tue es gar nicht gut, »wenn man jede Entscheidung von Frauen als Benachteiligung konstruiert, ohne zu bedenken, dass Frauen nicht immer so leben wollen wie Männer«.[38] Stimmt, bloß müsste man erst einmal die Möglichkeiten dafür schaffen, dass Frauen überhaupt so leben können wie Männer – und nicht nur jene wenigen privilegierten, die sich mittels Restaurantbesuchen, Reinigungskraft und Babysitterin zumindest ein Stück weit von der *Sanftheit* freikaufen können.

Die *sanfte* Frau bewegt sich also zwischen dem großen Ganzen und dem ganz Kleinen: Sie ist uns ebenso alltäglich vertraut, wie sie politisch gewollt ist. Während der Blick ins Private die Problematik rund um das Thema Fürsorge individualisiert, bleibt der Blick auf unsere ökonomische Ordnung oftmals abstrakt. Das Phantasma der *sanften* Frau lässt sich am besten entlarven, wenn beides, Alltag und Ökonomie, zusammengedacht wird.

Betrachte ich die Menschen um mich herum, scheint die Idee, dass Arbeit viel mehr bedeutet als Geld verdienen, selbstverständlich. Selbst meine neunzigjährige Oma beendet Telefonate oftmals mit der Schlussformel, dass jetzt noch eine Menge Arbeit auf sie warte. Doch Bewusstsein bedeutet noch keinen Wandel: Während klassische Rollenvorstellungen öffentlich immer stärker angefochten werden, wirken sie im Privaten erstaunlich änderungsresistent. Vermutlich zeigt sich das nirgendwo so deutlich wie in heterosexuellen Liebesbeziehungen. Für die meisten meiner Freundinnen gehört *Care* zum Kernvokabular – nichtsdestotrotz schwirrt mir der Kopf von Erzählungen, die allesamt absolut nicht vom Ende des Patriarchats zeugen.

FREUNDIN 1 wäscht heimlich die Daunendecken ihres Freunds, wenn er im Urlaub ist.

FREUNDIN 2 beklagt, ihr Freund wolle ihr zwar *helfen*, indem er auch mal einkaufen geht – frage dann jedoch jedes Mal, was er denn jetzt kaufen solle.

FREUNDIN 3 erzählt, der finale Streit mit ihrem Exfreund habe damit begonnen, dass sie ihn bat, hin und wieder auch mal das Geschirr zu waschen.

FREUNDIN 4 triumphierte, als ihr Freund und sie sich in der Elternzeit abwechselten – und er plötzlich verstand, warum sie die Monate zuvor vollkommen am Ende gewesen war.

FREUNDIN 5 beschwert sich, dass ihr Freund sich nicht mehr den Wecker stellt, wenn sie bei ihm ist, schließlich liege sein personifizierter Weckdienst ja direkt neben ihm.

FREUNDIN 6 hat den Eindruck, dass sämtliche gemeinsame Planung an ihr hängen bleibt (weswegen sie lieber mit ihren Freundinnen in den Urlaub fährt).

FREUNDIN 7 wünscht sich, dass ihr Freund seine Freundschaften ein bisschen inniger führen würde – und sie nicht immer seinen emotionalen Ballast allein mitschultern müsste.

Bei den Partnern meiner Freundinnen handelt es sich um Männer, die sich allesamt eines feministischen Bewusstseins rühmen. Sie schauen queere Netflix-Serien, wissen halbwegs über den weiblichen Zyklus Bescheid und demonstrieren gern am 8. März neben ihren Freundinnen für Quoten und gegen den Paragrafen 218. Die weibliche Last der Sorgearbeit haben sie längst entlarvt – doch befreit sie das noch längst nicht von den Spuren des vergangenen Jahrtausends. Ein guter Freund sagte neulich, als wir über seine Beziehung sprachen, er habe den Eindruck, dass Männer in heterosexuellen Partnerschaften in puncto Care immer ein Stück weit Kinder blieben.

Diese privatempirische Beobachtung deckt sich mit einer Studie des Wissenschaftszentrums Berlin für Sozialforschung aus dem Jahr 2013, in der die partnerschaftliche Arbeitsaufteilung bei Hetero-Paaren zwischen einundzwanzig und vierunddreißig Jahren untersucht wurde. Die meisten Frauen gaben an, im Zusammenleben mit ihrem Partner den Großteil der Haushaltsarbeit zu übernehmen – auch dann, wenn sie keine Kinder hatten.[39]

Was aber passiert, wenn sich die heteronormative Standardeinstellung ändert, der zufolge der Mann meist finanziell besser dasteht? Dieser Frage sind die Soziologinnen Cornelia Koppetsch[40] und Sarah Speck im Jahr 2015 nachgegangen.[41] Sie untersuchten sehr anschaulich die Dynamiken in heterosexuellen Paarbeziehungen, in denen die Frau mehr verdient als der Mann und dadurch tendenziell die Rolle des vormaligen Ernährers einnimmt. Diese Konstellation gilt selbstredend nur für eine Minderheit aller Paarbeziehungen zwischen Männern und Frauen, im Jahr 2017 waren es in Deutschland 14 Prozent, in Ostdeutschland lag die Zahl höher als im Westen.[42] Trotzdem lässt sich an der Studie gut ablesen, wie resistent unsere Rollenzuschreibungen sind.

Koppetsch und Speck zeigten, dass ein immer selbstverständlicherer feministischer Konsens auch für Frauen eine Herausforderung darstellen kann – weil er eben nicht zwangsläufig dazu führt, dass die symbolischen Ideen von Männlichkeit und Weiblichkeit angefochten werden. In ihrer Studie unterschieden sie drei Milieus, aus denen heraus sie jeweils Paare interviewten. Das von ihnen so getaufte *familistische* Milieu als Segment der Dienstleistungs- und Sozialberufe erscheint dabei als das einzige, in dem ein Rollentausch möglich ist: Hier können sich den beiden Soziologinnen zufolge Männer in die Rolle des Hausmanns einfügen, weil Sorgearbeit allgemein höhere Wertschätzung erfährt.[43] Nichtsdestotrotz sind auch die Frauen dieses Milieus oft unzufrieden mit dem Engagement ihrer Partner. Im von den beiden Soziologinnen als zweites konstruierten *traditionalen* Handwerker- und Arbeitermilieu hingegen gilt ein höherer Verdienst der Frau höchstens als Übergangslösung. Von den Männern wird der Studie zufolge überhaupt nicht erwartet, dass sie von sich aus Verantwortung für Sorgearbeit übernehmen.[44]

Ausgerechnet im von Koppetsch und Speck *individualistisch* genannten Milieu, unter dem sie die urbane akademische Klasse fassen, die Genderbewusstsein und Gleichheitsforderungen befürwortet, stellten Koppetsch und Speck nun weiter fest, dass es hier keineswegs zu einer Umkehrung der Rollen kommt, sobald die Frau die ehemals patriarchale Rolle des Ernährers einnimmt. Auch wenn eine Frau in einer heterosexuellen Akademikerbeziehung den Großteil des Einkommens erwirtschaftet, findet der Studie zufolge keine gerechte Aufteilung von Sorgearbeit statt. »Erstaunlich ist daran«, schreiben die Autorinnen, »dass individualisierte Familienernährerinnen, obschon durch die Berufsarbeit meist zeitlich massiv beansprucht, ihre stärkere Einbindung in Haushalt und Kindererziehung scheinbar widerspruchslos hinnehmen.«[45]

Paradoxerweise ermöglichen also die intellektuelle Durchdringung und der Lebensvorsatz von partnerschaftlicher Gerechtigkeit *nicht* mehr Flexibilität im Umgang mit Geschlechterarrangements. Im Gegenteil wirken gerade die Frauen der urbanen Mittelklasse erstaunlich *sanft*: tagsüber gegen Geld, abends unbezahlt arbeiten. Sie wissen zwar, dass sie weitaus mehr Verantwortung tragen. Aber sie finden Gründe, mit denen sie die mangelnde Beteiligung ihrer Partner rechtfertigen. In der Studie von Speck und Koppetsch beschreiben sie die männliche Nachlässigkeit oftmals als Charaktereigenschaft, die es mit liebevollem Verständnis zu entschuldigen gilt. Geduldig federn sie die ausbleibende Beteiligung ihrer Partner ab. In einem Fall beschreibt eine einunddreißigjährige Projektmanagerin ihre Hauptverantwortung für die Hausarbeit sogar als *Wiedergutmachung* dafür, dass ihr Partner in seinem Beruf weniger erfolgreich ist.[46]

Komplementär dazu gelingt es vielen Männern der Untersuchung, ihr mangelndes Engagement in Lässigkeit umzudeuten – und damit ihre Partnerinnen und deren Mühen als *unlässig* zu diskreditieren: »Als Haltung des ›Nicht-involviert-Seins‹ erneuert männliche Coolness den altbekannten Hysterievorwurf an die im Privaten wie auch im Berufsleben unangemessen aufgeregte Frau«, schreiben Koppetsch und Speck.[47] Siehe Freundin Nummer 3, die sich mit ihrem Freund stritt, weil sie nicht alles allein abwaschen wollte. Er war dafür schlicht zu lässig. Bald war er zum Glück ihr Exfreund.

Dass man mit so etwas als Mann heutzutage wenigstens nicht mehr ganz so gut wie noch vor kurzer Zeit durchkommt, ist vermutlich der Explosion des Diskurses in Sachen Männlichkeit zu verdanken. In den vergangenen Jahren wurde die sogenannte *Krise der Männlichkeit* so oft festgestellt, dass man sich zum einen fragte, warum aus diesem lustvoll betriebenen Sprechakt derart wenige reale Veränderungen erfolgten, und dass man zum anderen den Blick auf den Rest der Welt verlor – man konnte fast den Eindruck erlangen, bei allen anderen sei mittlerweile alles okay. Warum aber sollte der manifeste Wandel der Geschlechterordnung allein für Männer eine Herausforderung darstellen? Die Idee der entlang binärer Grenzen verteilten *Sanftheit* ist dermaßen selbstverständlich, dass sie selbst eingefleischten Feministinnen hin und wieder gar nicht auffällt. Die althergebrachten Rollenmuster betreffen noch immer Frauen *aller* Klassen – und vielleicht besonders diejenigen, die sie am stärksten anfechten. Im akademisch informierten Milieu wird die Idee einer gleichberechtigten Arbeitsverteilung Koppetsch und Speck zufolge dementsprechend zwar »diskursiv verteidigt, doch kaum je umgesetzt«.[48]

Um die, man kann es nur im Plural sagen, Klüfte zwischen Ziel und Wirklichkeit zu veranschaulichen, beziffert der gegenwärtige feministische Diskurs gern sogenannte *Gaps*. Neben dem bekannten *Gender Pay Gap* gibt es den *Gender Pension Gap*, der die brutalen Unterschiede im Rentenbezug bemisst, den *Gender Leisure Gap*, der beschreibt, dass der durchschnittliche Mann sehr viel mehr Freizeit genießt als die durchschnittliche Frau, und, eher aus lebensweltlichen als aus politischen Zusammenhängen gegriffen, den *Gender Oral Sex Gap* sowie den *Gender Orgasm Gap*, die jeweils auseinanderklaffendes sexuelles Vergnügen beziffern sollen. Natürlich gibt es auch für die Sorgearbeit eine eigene Kategorie, den *Gender Care Gap*.[49] Tendenziell lässt sich feststellen, dass diese *Gaps* in Ostdeutschland, soweit erhoben, geringer als im Westen ausfallen – und dass sie sich in Deutschland insgesamt in den vergangenen Jahren nur zaghaft verkleinert haben.

In Zeitungsartikeln werden die *Gaps* zwischen Männern und Frauen gern einfach als Zahlen zitiert – aber so exakt funktioniert die Sache leider nicht, wenn wir von etwas so Diffusem wie *Sanftheit* sprechen. Allein für den *Gender Pay Gap* lassen sich äußerst verschiedene Aussagen treffen, je nach Berechnung lag er 2018[50] bei 21[51] oder 6[52] Prozent. Während die erste Zahl die jeweiligen durchschnittlichen Brutto-Stundenverdienste angibt, bemisst die zweite den sogenannten bereinigten *Gender Wage Gap*, bei dem die Tatsache herausgerechnet wird, dass Frauen oftmals in schlechter bezahlten Berufen arbeiten und seltener in höheren Hierarchieebenen.[53] Zwei Zahlen, zwei Deutungen. Und nun? »Keine einzige feministische Fragestellung lässt sich auf rein quantitative Aspekte reduzieren«, schreiben Bettina Haidinger und Käthe Knittler.[54] Die Ungleichheit zwischen Männern und Frauen rechnerisch auszudrücken, ist gar nicht so einfach.

Das zeigt auch die Berechnung des *Gender Care Gap*: Wo fängt Fürsorge denn überhaupt an und wo hört sie auf? Ist es bereits Sorgearbeit, wenn ich im Supermarkt zwanzig Minuten in der Schlange stehe, um für meine Mitbewohnerin und mich Nudeln und Scheuermilch zu kaufen? Wenn meine Großmutter mir den Inhalt des gestrigen Fernsehprogramms erzählt? Wenn ich mir ein Geburtstagsgeschenk für meine beste Freundin überlege? Oder ist Sorgearbeit bloß das, was der Begriff in einer engeren Definition meint: Kinder, Küche, Kranke?

Weil Zahlen schon immer Setzungen vorausgegangen sind, können sie allein niemals genügen – und sogar Zusammenhänge unsichtbar machen. Im Sinne der *freien Wahl* ließe sich beispielsweise auf das Problem der ungleichen Bezahlung antworten: Dann sollen sich Frauen eben bei der Gehaltsverhandlung mehr ins Zeug legen! Oder auf das Problem der niedrigen Renten: Dann sollen Frauen eben zusehen, dass sie ökonomisch unabhängig bleiben! Im Alltag liegt diese Sicht vielleicht nahe. Wir sind es gewohnt, die Ursachen für unsere Handlungen und Probleme in uns selbst zu suchen. Hätte ich mich doch nur mehr angestrengt! Wäre ich doch nicht so lang mit dem Kind zu Hause geblieben! Doch alle derartig individualisierenden Entgegnungen auf die grundsätzlichen Befunde greifen zu kurz.

Entscheidend an sämtlichen nur vorstellbaren *Gaps* ist stattdessen in meinen Augen, dass sie eine gemeinsame Ursache haben. Und diese besteht bis hin zum *Gender Orgasm Gap* in nichts anderem als geschlechtsspezifisch aufgeteilter *Sanftheit*: Dass Frauen beständig mehr Fürsorge leisten, führt dazu, dass sie öfter in Teilzeit arbeiten und ihre Arbeit grundsätzlich weniger anerkannt ist (wodurch sie durchschnittlich weniger verdienen), dass sie meist längere Phasen der Erwerbslosigkeit haben (wodurch sie weniger Rente beziehen[55]), dass ihre Tage enger getaktet sind (wodurch sie weniger Freizeit haben[56]) – und dass sie selbst in den intimsten Zusammenhängen ihre eigenen Bedürfnisse aus dem Blick verlieren (wodurch sie schlechteren Sex haben).

Trotz dieser augenfälligen Ungerechtigkeit ändert sich auch am *Gender Care Gap*, um die Zahl nun doch zu verraten, wenig: Er beträgt in Deutschland derzeit 52,4 Prozent[57], das bedeutet: Im Vergleich zu Männern bringen Frauen 52,4 Prozent mehr Zeit für unbezahlte Sorgearbeit auf, genau genommen durchschnittlich vier Stunden und dreizehn Minuten am Tag. Bei Männern sind es durchschnittlich zwei Stunden und 46 Minuten. Das ist ein täglicher Unterschied von 87 Minuten[58], oder auch: ein Spielfilm pro Abend. Netflix and Chill!

Bereits Hedwig Dohm, die berühmte Frauenrechtlerin des

späten 19. und frühen 20. Jahrhunderts, soll mal gesagt haben, man käme sich auf dem Gebiet der Frauenfrage wie eine Wiederkäuerin vor.[59] Ich erinnere mich an einen Bekannten, der sich einmal beschwerte, dem Feminismus sei seit den achtziger Jahren auch nichts Neues mehr eingefallen. *Well*, Feminismus beschäftigt sich mit recht grundlegenden Problemen und ist darum keine Innovationsmaschine. Haus- und Sorgearbeit und schlechte Bezahlung sind keine neuen Themen, sondern seit Jahrhunderten zentrale Schauplätze feministischer Kämpfe. Doch statt die Missstände zu beheben, werden sie zementiert, indem die Figur der *sanften* Frau in der Öffentlichkeit weiterhin verkitscht wird.

Ein Beispiel aus der Politik: Selbst wenn das deutsche Kanzleramt längst auch weiblich besetzt sein kann und mittlerweile eine ganze Generation die Helmuts und Gerhards vor Angela Merkel nur aus Geschichtsbüchern kennt, ist das eigentliche Staatsoberhaupt, der Bundespräsident, in den vergangenen Jahren immer ein Mann gewesen – mit einer Frau an seiner Seite. Und alle Bundespräsidentengattinnen der letzten Jahre gleichen sich in einem Punkt: Eva Köhler, die ihre Tätigkeit als Lehrerin schon zuvor niedergelegt hatte, übernahm nach der Wahl Horst Köhlers zum Bundespräsidenten von ihrer Vorgängerin die Schirmherrschaften über Unicef, das Müttergenesungswerk und die Deutsche Kinder- und Jugendstiftung. Bettina Wulff tat es ihr nach der Wahl Christian Wulffs gleich, nachdem sie ihren Beruf als PR-Assistentin aufgegeben hatte. Ebenso Daniela Schadt, die nach der Wahl Joachim Gaucks zum Bundespräsidenten ihre Arbeit als Journalistin ruhen ließ. Und auch Elke Büdenbender setzte diese Tradition nach der Wahl Frank-Walter Steinmeiers zum Bundespräsidenten fort und ließ sich umgehend als Verwaltungsrichterin für Asylverfahren beurlauben.

Alle diese Frauen gaben also, ohne öffentlich auch nur mit den Wimpern zu zucken, ihre Berufe auf, um unentgeltliche Ämter auszuüben. Ämter ohne Vertrag und Bezahlung, Ämter, die es verfassungsrechtlich gar nicht gibt – die sich jedoch, schön eingehegt in die symbolische Sphäre von Kindern, Mutterschaft und Gesundheitsvorsorge, in der Bundesrepublik wie von allein etabliert hatten.

Nun waren dies natürlich sehr persönliche Entscheidungen. Daniela Schadt und Elke Büdenbender betonen, dass sie ihre repräsentativen Tätigkeiten als Partnerinnen der jeweiligen Bundespräsidenten mit Freude aufgenommen haben. Ich frage mich bloß: Hatte denn wirklich *keine* dieser Frauen den Impuls, mit der Tradition der karitativen, *sanften* Präsidentengattin zu brechen? War es denn keiner von ihnen zuwider, unentgeltlich zu arbeiten und vom Verdienst des Mannes abhängig zu sein? Kam denn keiner von ihnen der Gedanke, zumindest eine *angemessene Bezahlung* einzufordern? Und hatte denn wirklich keine den Wunsch, sich mit einem anderen Thema als mit Kindern, Mutterschaft oder Gesundheitsvorsorge auseinanderzusetzen – stattdessen beispielsweise mit rechtsextremen Einstellungen in der Polizei, mit unmenschlichen Arbeitsbedingungen im Niedriglohnsektor, mit dem Hereinbrechen der Klimakatastrophe? Was sagt es über eine Gesellschaft aus, wenn die Frau des Staatsoberhauptes keinen einzigen Cent mit einem Vollzeitjob verdient? Und wenn dieser Job wiederum vorrangig aus Posieren, Lächeln, Winken und Händeschütteln besteht – also daraus, Puderzucker in die Welt zu streuen?

Was zur Frage führt, was eigentlich passiert, wenn sich eine Frau in der Öffentlichkeit dem Puderzucker verweigert. Im Gegensatz zu allen deutschen Präsidentengattinnen hatte Hillary Clinton schon lange zuvor keine Lust auf die Rolle der First Lady. Noch vor Bill Clintons Wahl zum US-Präsidenten 1993 verkündete sie öffentlich, sie hätte zwar zu Hause bleiben, Cookies backen und Tee servieren können – habe sich aber dafür entschieden, ihr Berufsleben unabhängig vom öffentlichen Leben ihres Mannes zu führen.[60] Diese Äußerung führte in der US-Öffentlichkeit der frühen neunziger Jahre zu großer Empörung: Eine potenzielle First Lady hatte es gewagt, für ihre berufliche Selbstständigkeit einzustehen?

Wochenlang war Hillary Clinton damit beschäftigt, ihre Position zu erklären. Immer wieder musste sie betonen, sie habe sich mit ihrer Äußerung nicht gegen Hausfrauen richten wollen.[61] Schließlich ließ sie sich zur allgemeinen Beschwichtigung auf eine Idee des in den USA gewichtigen Magazins *Family Circle* ein: Sie trat in einen Cookie-Rezept-Wettbewerb mit der amtierenden First Lady Barbara Bush. Beide reichten der Zeitschrift ihr geheimes Familienrezept ein. Die Leserinnen stimmten ab, Clintons *oatmeal chocolate chip cookies* siegten, der Frieden war wiederhergestellt. Bill Clinton gewann die Präsidentschaftswahl.

Family Circle brüstete sich fortan damit, dass der Ausgang des Cookie-Wettbewerbs immer das Ergebnis der späteren Wahl vorwegnehme – was auch zutraf, mit zwei schändlichen Ausnahmen. Das erste Mal 2008, als Cindy McCains *oatmeal butterscotch cookies* gegen Michelle Obamas *shortbread cookies* gewannen. Das zweite Mal 2016, als Hillary Clinton selbst gegen Donald Trump für die Präsidentschaft kandidierte. Hierfür hatte Bill Clinton ein Rezept eingereicht. Es waren die *oatmeal chocolate chip cookies* seiner Frau.[62]

Vielleicht nahm das *first-lady-bake-off* im Vorfeld der Präsidentschaftswahlen wegen dieses Plätzchenfiaskos sein Ende – oder auch nur, weil in den Memoiren Barbara Bushs ans Licht gekommen war, dass ihr Cookie-Rezept eine Kreation von *Family Circle* gewesen war.[63] Ich werde hier keine Lanze für die

Politik Hillary Clintons brechen, die als Senatorin unter anderem Sozialhilfeprogramme für von Armut betroffene Frauen und Kinder abbaute und mit ihrer Politik weit von meinem Verständnis von Feminismus entfernt ist.[64] Der Umgang mit ihr veranschaulicht aber, wie massiv beruhigend es allgemein wirkt, wenn sich Frauen in der Öffentlichkeit der *sanften* Rolle zumindest nicht vollkommen entziehen. Eine Frau, die keinerlei fürsorgliche Qualitäten zeigt, ist gesellschaftlich verstörend – und wird prompt gemaßregelt sowie an ihre reproduktiven Pflichten erinnert. Karriere? Na gut, aber bitte mit Cookies.

Sanftheit gilt als Kompetenz, und zwar als unabdingbare Kompetenz für ein weibliches Dasein – wird jedoch zugleich abgewertet. *Sanftheit* als weibliche Kernkompetenz *ist* also gleichzeitig gar keine richtige Kompetenz. Was dazu führt, dass sie als eine vermeintlich zu jeder Frau gehörende Selbstverständlichkeit weder reflektiert noch kritisiert wird, oftmals auch von Frauen nicht.

Neulich unterhielt ich mich mit einer Freundin, deren Mutter nach ihrer Geburt zehn Jahre lang zu Hause geblieben war, bis sie ihren Beruf wieder aufnahm. Meine Freundin erzählte mir, dass sie noch bis vor wenigen Jahren über ihre Mutter gesagt habe, diese hätte zehn Jahre lang *nicht gearbeitet*. Sie habe den Begriff *Hausfrau* stets mit abwertendem Unterton benutzt – und diese Wertung als feministischen Akt verstanden, denn was wäre aus Sicht einer jungen feministisch inspirierten Frau schlimmer gewesen als das Hausfrauendasein: Viel cooler, wenn eine Frau lohnarbeiten geht, als wenn sie zu Hause bleibt. Meine Freundin sagte, es habe lange gedauert, bis sie irgendwann begriff, dass das Leben ihrer Mutter selbstverständlich aus sehr viel Arbeit bestanden hatte, bloß aus solcher, für die man weder Geld noch irgendeine andere Form von Anerkennung erhält. Sie hatte die Entscheidung ihrer Mutter fortwährend diskreditiert, obwohl sie als Tochter vermutlich am meisten von ihr profitiert hatte.

Diese Freundin, diese Tochter bin ich selbst. Das Gespräch war ein Selbstgespräch. Ich habe lange gebraucht, bis ich die Arbeit meiner Mutter als solche auch nur erkennen konnte – und noch viel länger, um sie anzuerkennen. Die Beschäftigung mit Sorgearbeit ist nicht zuletzt: ein Bewusstseinsprozess, der durch feministisches Agendasetting herausgekitzelt werden muss.

Meine Mutter, die selbst in einem Land aufgewachsen war, in dem Mütter Vollzeit arbeiteten und ihre Kinder allesamt früh in den Kindergarten oder Hort gaben, wollte mir die vollste Betreuung ermöglichen, in deren Genuss sie selbst nicht gekommen war. Von meiner Geburt 1994 an erlebte ich darum eine Kindheit, die meine Mutter in den sechziger Jahren hätte haben können, wäre sie auf der westlichen Seite des Eisernen Vorhangs geboren worden: Sie blieb zu Hause, während mein Vater seiner Lohnarbeit frönte.

Meine Mutter erzählte mir oft, wie ihre Entscheidung, sich auf die Erziehung ihres einen Kindes (hi) zu konzentrieren, in ihrem Freundeskreis missbilligt und belächelt wurde. Nach drei Jahren Elternzeit wollte sie eigentlich in ihren Beruf zurückkehren – und entschied sich dann dagegen, als man ihr keine Teilzeitstelle anbot. Der Unmut ihres Umfelds war vielleicht auch eine Kritik an einem ökonomischen Privileg, aber er adressierte sie doch vorrangig *als Frau*. Meine Mutter beschwerte sich auch viele Jahre später noch darüber, wie auf Partys niemand mehr mit ihr über Politik sprechen wollte, man ihr aber stets interessierte Fragen nach dem Kind stellte.

Es gilt bis heute als rückständig, wenn sich eine Frau für Sorgearbeit entscheidet – genauso, wie es umgekehrt bis heute oft verurteilt wird, wenn sich eine Frau mit Kind *gegen* die Ausrichtung ihres Lebens auf die Sorgearbeit entscheidet, dann gilt sie schnell als Rabenmutter. Zwischen *zu viel* und *zu wenig* gibt es für die *sanfte* Frau kein *richtig*.

Als ich in der Phase meines pubertären Trotzfeminismus die Sorgearbeit meiner Mutter übersah, machte ich letztlich einen ähnlichen Fehler wie Karl Marx, als er das *Kapital* schrieb. Marx' Kapitalismusanalyse weist bekanntlich eine folgenschwere Lücke auf: Wertschöpfende Arbeit bestand für ihn ausschließlich in der *Warenproduktion* – die Hausarbeit dagegen ordnete er als natürliches Phänomen ein.[65] Man kann Marx zwar nicht den Vorwurf machen, dass er nie über Frauen nachgedacht hätte. Gerade nach den Kämpfen der revolutionären Pariser Kommune 1871 begann er, Frauen im Kampf um Veränderungen als Akteurinnen ernst zu nehmen.[66] Doch auch wenn er erkannte, dass eine kapitalistische Produktionsweise stets ein nicht-kapitalistisches Außen braucht, dessen sie sich bedienen kann (und damit die Grundlage für den späteren marxistischen Feminismus schuf, dem auch die »Lohn-für-Hausarbeit«-Kampagne angehörte), übersah er die Bedeutung der nach seinen Maßstäben »unproduktiven«, weil nicht wertschöpfenden Arbeit.

Dieser Fehler unterlief nicht nur Marx, sondern auch dem Großteil der bürgerlichen Ökonomie: Sorgearbeit verblieb in einer außerökonomischen Nebensphäre, die mit dem Marktgeschehen vermeintlich nichts zu tun hatte. Selbstredend profitierten die Vertreter dieser Idee maßgeblich davon, dass ihnen die Frauen um sie herum ihre beruflichen Laufbahnen ermöglichten: Adam Smith etwa, Begründer der klassischen Nationalökonomie, den Marx mit seiner *Kritik der politischen Ökonomie* adressiert hatte, wohnte den Großteil seines Lebens bei seiner Mutter.

Es war und ist ein gigantischer Coup der patriarchalen Theoriegeschichte, die weibliche Arbeit nonchalant zur Nicht-Arbeit erklärt und als *Sanftheit* essenzialisiert zu haben. Ende des 19. Jahrhunderts deklarierten liberale Ökonomen in diesem Sinne den Homo oeconomicus zum Idealsubjekt wirtschaftlichen Handelns. Die Idee bestand darin, dass es allen gut gehe, wenn sie sich einfach um ihr eigenes Wohlergehen kümmerten. Die unsichtbare Hand des Marktes werde dann schon alle streicheln. Imaginiert wurde der Mensch dementsprechend als eine durchweg autonom, eigennützig und nüchtern agierende Person, die »einfach da« ist, wie die Ökonominnen Haidinger und Knittler formulieren, »geboren, erzogen, ernährt und ausgestattet mit rationalem Entscheidungsverhalten und festen Präferenzen«.[67] Sein Verhalten werde also nicht durch Macht, Herrschaft und gesellschaftliche Zusammenhänge gelenkt, er stehe für sich selbst. Eine ähnliche Idee der menschlichen Unabhängigkeit hatte der Staatstheoretiker Thomas Hobbes bereits im 17. Jahrhundert vertreten: Den Naturzustand der Menschen müsse man sich vorstellen, schrieb er, »als ob sie wie die Pilze aus dem Boden hervorkommen und ohne jede Verbindlichkeit gegeneinander aufwachsen«.[68] Diese Fantasie vom Menschen als aufploppendem Pilz ist nicht nur sehr phallisch, sondern auch sehr falsch: Pilze ragen nicht autonom und aufrecht aus der Erde, sondern sind unterirdisch durch ein Gewebe von Fäden miteinander verbunden.[69]

Was ein schönes Bild für das menschliche Dasein sein könnte, doch zwischenmenschliche Abhängigkeiten waren für männliche Staatstheoretiker und Ökonomen auch lange nach Hobbes keine Kategorie. Wer für Geburt, Windelwechseln, Erziehung, Ernährung und Alterspflege des Homo oeconomicus zuständig war, interessierte sie wenig. Der ideale Mensch des bürgerlichen Zeitalters kannte, wie Feministinnen später bemängelten, »kein Kindesalter, keine Krankheiten oder Demenz«.[70] Er war stets ein Mann, und stets war die Frau neben ihm weder wichtig noch sichtbar, ob als Mutter, Partnerin – oder auch als Arbeiterin, denn wie beschrieben gab es trotz geschlechtlicher Arbeitsteilung schon immer Frauen, die ihr Geld selbst verdienten.

Bereits im 19. Jahrhundert griffen britische und US-amerikanische Ökonominnen diese Blindheit der Wirtschaftswissenschaften an. »Der verschwiegene Fakt in dieser Diskussion ist, was auch immer der ökonomische Wert der Hausarbeit ist, die Frau bekommt ihn nicht«, schrieb 1898 Charlotte Perkins Gilman, eine der führenden Intellektuellen der US-amerikanischen Frauenbewegung.[71] Auch privat versuchte Gilman dieser Misere zu begegnen: Ihren zweiten Mann heiratete sie nur unter der Bedingung, dass ihre gemeinsame Wohnung über keine Küche verfüge.[72]

In den folgenden Jahrzehnten kämpfte die feministische Ökonomie gegen die Homo-oeconomicus-Fantasie an – was die neoliberale Politik zahlreicher Regierungen ab den siebziger Jahren des 20. Jahrhunderts nicht daran hindern sollte, die Vorstellung nahezu unhinterfragt zu übernehmen. Bis heute folgen wir letztlich allesamt der Idee des Homo oeconomicus, bloß dass er sich in seiner Gestalt stetig gewandelt hat[73] und nun nicht mehr ausschließlich männlich ist. Er hat sich stattdessen äußerst *zeitgeisty* diversifiziert: Dynamisch, flexibel, autonom und dabei völlig rational sollen heute alle sein und darüber hinaus dennoch über ein paar *sanfte* Soft Skills verfügen.[74] Selbsthilfeliteratur, Management-Ratgeber und Erfolg versprechende Podcasts rufen die Menschen des 21. Jahrhunderts zu beschwingtem eigenverantwortlichem Handeln auf. Selbst in einer globalen Pandemie sollten alle selbst zusehen, wie sie die unentschlossene Lockdownpolitik mit individuell resilientem Gedankengut auffangen können. Das *unternehme-*

rische Selbst, wie der Soziologe Ulrich Bröckling die Weiterentwicklung des Homo oeconomicus nennt, regiert sich selbst – und ist zugleich eine »Realfiktion«, die es in Formerfüllung eigentlich gar nicht geben kann[75]: Kein Mensch ist *nur* autonom, *nur* rational, *nur* effizient handelnd. Und wer will das auch schon sein? Nichtsdestotrotz ist die Faszination, ein einst männliches Ideal einfach nachahmen zu können, auch am Feminismus nicht spurlos vorbeigegangen.[76]

Dass ich es als Siebzehnjährige als feministischen Akt verstand, Sorgearbeit uncool zu finden und bezahlte Arbeit irgendwie progressiv, illustriert in meinen Augen einen zentralen Irrtum des westlichen Feminismus. Die zweite Welle der Frauenbewegung, in erschlagender Mehrheit angeführt von weißen Akademikerinnen, trieb den Anstieg der weiblichen Erwerbsquote maßgeblich an. Für ihre Vertreterinnen war Emanzipation gleichzusetzen mit dem Ideal, dass Frauen endlich einer sie selbständig machenden Lohnarbeit nachgingen. *Wie* sie arbeiteten – unterbezahlt, unbefristet, prekär? –, war und ist nach dieser Logik erst einmal egal, Hauptsache: Arbeit.

Bis heute irrlichtert das Bild der beruflich erfolgreichen Frau durch unsere Gegenwart – oder, genauer gesagt: das Bild der beruflich erfolgreichen Frau, die zugleich selbstverständlich *sanft*, also liebend und fürsorglich ist. Süßer Babybrei nebst Workload, ein katalogkompatibles Zuhause nebst gutgelaunter Pflege greiser Eltern, köstliche Ottolenghi-Dinner nebst frisch begonnener Psychotherapie, um auf das depressive Bröckeln der *sanften* Fassade klarzukommen. Und dank des Autopilots ihres Zweihundert-Euro-Vibrators bleibt die moderne cis Frau bei alldem auch noch bestens ausbalanciert.

Die kanadische Netflix-Sitcom *Working Moms* feiert genau diesen so anerkannten wie grausamen Lebensentwurf: In kurzen Episoden erzählt sie den Alltag von vier Müttern Mitte dreißig, die in Toronto einem urban-arrivierten Lifestyle nachgehen und sich in einer Mutter-Kind-Gruppe kennenlernen. Sie alle sind nach der Geburt ihrer Kinder zurück im Berufsleben. Mit wallendem Haar verlassen sie morgens ihre großräumigen Wohnküchen und betreten unter Komplimenten das Büro, haben stets Zeit für einen ausgiebigen Lunch in den für Frauen ihrer Klasse vorgesehenen Etablissements, und während sie sich den knackigen Salat in den Mund schieben, diskutieren sie eifrig Lösungsansätze für Betreuungsengpässe (»Haben wir nicht alle schon mal an eine Nanny gedacht?«) und Streitigkeiten mit Partnern (»Man kann alles mit einem Blowjob beenden«). Alles ist zwar, hihi, wahnsinnig chaotisch, aber irgendwie läuft's, und für Yoga und einen Flirt mit dem Vorgesetzten sind auch noch ausreichend Nerven übrig. Zur Beruhigung joggt man danach mit dem Kinderwagen eine Runde um den Block.

Das Irritierende an *Working Moms* ist die Pose des Tabubruchs, die die Serie durchzieht. Krass, eine Mutter, die auf der Office-Toilette Milch abpumpt! Krass, sie hat gerade gesagt, dass sie ihr Baby manchmal verachtet! Krass, die Brust ist wund und die Laune dank Wochenbettdepression im Keller! Wie feministisch, das alles endlich mal abzubilden! Doch in Wahrheit wird kein einziges Tabu gebrochen: Fleißig machen Jenny, Kate, Frankie und Anne Überstunden, suchen bei Psychopharmaka, Psychotherapeutinnen und Tagesmüttern Unterstützung – und bleiben dennoch unfassbar *sophisticated*, selbst wenn sie nur bei McDonald's bestellen (»Cola Light, ich bin eine Lady«). Ihre brave Erfüllung jeglicher im 21. Jahrhundert an Weiblichkeiten gestellter normativer Ansprüche (schlank, dynamisch, erfolgreich und sexuell aktiv sein und dabei *sanft* ums Kind besorgt) ist ungeheuer ermüdend. Statistisch betrachtet müssten diese vier Hamsterradläuferinnen bei ihrem Wettrennen gegen sämtliche nur denkbare Fürsorge- und Arbeitspflichten völlig am Ende sein, und manchmal sind sie das auch wenigstens ein kleines bisschen. Aber natürlich scheitert hier niemand jemals vollkommen: Dafür sind die Girokonten der vier Supermütter viel zu gut bestückt.

Wer viele Jahre nach den Forderungen der siebziger Jahre noch immer den quirligen Alltag sogenannter *working moms* als feministische Errungenschaft hochhält, da dieser doch den Beweis erbringe, »dass Frauen selbstverständlich beides haben können – Kinder und Karriere«[77], ignoriert nicht nur, dass diese Vereinbarkeit lediglich für wenige mit Leichtigkeit zu bewerkstelligen ist – sondern übersieht auch, dass für Frauen vieler Milieus Erwerbstätigkeit kein Novum ist. Auf die ein oder andere Weise war sie schon immer eine ökonomische Notwendigkeit, und mit *working moms* ist garantiert nicht *working class* gemeint. Wer *working moms* als emanzipatorischen Fortschritt hochhält, verleugnet zugleich, dass Mutterschaft ohnehin schon Arbeit ist – und die Rede von der arbeitenden Mutter daher ein Pleonasmus, so was wie tote Leiche oder wohlhabende Liberale.

Was *sanft* ist, ist nicht grell, ist nicht auffällig, wird fast nie bemerkt, angesprochen oder gar ins Denken einbezogen und diskursiviert. Die Beschäftigung mit *sanfter* Sorgearbeit fordert aus diesem Grund unser alltagssprachliches Verständnis von *Arbeit* heraus. Im Begriff der *Arbeitslosigkeit* beispielsweise, der auf die meisten sehr alltäglich wirkt, steckt implizit eine ungeheuerliche Abwertung von Fürsorge: *Arbeitslosigkeit* suggeriert, dass das Leben eines Menschen allein daraus besteht, Geld zu verdienen – und dass eine dem Wortgebrauch zufolge arbeitslose Person demnach keinerlei Arbeit verrichtet. Jede Kategorisierung als *Arbeitslosigkeit* verunsichtbart Sorgearbeit und stützt das Ressentiment, dass Erwerbslose keine gesellschaftlich notwendige Arbeit leisteten, dass sie faul und untätig und somit auch keine wertvollen Mitglieder der Gesellschaft seien.

Doch nicht unseren Sprachgebrauch, sondern die dahinter liegenden Missstände gilt es zu skandalisieren: Die Gleichsetzung von weiblicher Arbeit mit offiziell wertloser Hausarbeit führt im Umkehrschluss dazu, dass Branchen, in denen tendenziell mehr Frauen als Männer arbeiten, grundsätzlich weniger Anerkennung erfahren. Aus US-Statistiken der Jahre 1950 bis 2000 lässt sich das auf schockierende Weise ablesen: Die Vergütung im Designbereich sank, als mehr Frauen in die Branche eintraten. Das umgekehrte Phänomen beim Computerprogrammieren, das zunächst als Frauendomäne galt: Sobald mehr Männer Programmierer wurden, stiegen sowohl Ansehen als auch Bezahlung.[78]

In Deutschland sind achtzig Prozent aller beruflich Fürsorge leistenden Menschen weiblich. Es ist kaum überraschend, dass sie schlecht entlohnt werden, dass sie während einer globalen Pandemie neben gutbürgerlichem Klatschen kaum Anerkennung erfahren und unter permanentem Stress arbeiten – sei es in Kliniken, Kindertagesstätten, Arztpraxen, Pflegeheimen oder bei Privatpersonen, wo sie putzen, 24-Stunden-Betreuung von Demenzpatientinnen leisten oder Kinder großziehen. Sie sind es, die den *working moms* die *Sanftheit* ein Stück weit abnehmen. Die Hausfrau des globalen Nordens gibt es darum immer seltener. Jedoch bleiben Frauen auch hier weiterhin für die Hausarbeit zuständig. Sie stammen im Falle Deutschlands aus Polen, Ungarn, Rumänien, den Philippinen oder aus anderen Ländern, wo sie ihre Familien hinter sich lassen.[79] Sozialwissenschaftlerinnen bezeichnen dieses globale Phänomen als Sorgeketten, *care chains*, oder auch als Sorgekanal, *care drain*: Fürsorge wird nicht zwischen den Geschlechtern, sondern zwischen Frauen umverteilt, quasi den Kanal runtergespült. An die Stelle der feministischen Utopie, *Sanftheit* zur universalen und nicht länger allein weiblichen Aufgabe zu machen, ist die Ausbeutung vieler für den Komfort weniger getreten.

Das Phantasma der *sanften* Frau greift selbst dann noch, wenn Frauen unter offensichtlich prekären Bedingungen angestellt sind. Eine ZDF-Dokumentation, die ich kürzlich in einer Mischung aus Wut und Faszination gesehen habe, trug den sagenhaften Titel *Die Sauberfrauen. Putzen ist ihr Leben.*[80] Sie stellte die drei Reinigungskräfte Isa, Iris und Steffi vor, Nachnamen schienen sie leider nicht zu haben. Isa war aus Polen nach Deutschland gekommen, nachdem sie ihrem Wunsch eines Jurastudiums nicht nachgehen konnte. Iris hatte sich mit ihrer Firma auf ungewöhnliche Reinigungseinsätze spezialisiert, vor allem Leichenfunde. Und Steffi, der Doku zufolge bekannt als »die singende Klofrau von Hamburg«, spielte in der Toilette eines Kaufhauses der internationalen Kundschaft fröhlich mit der Gitarre Lieder vor. Dass sie allein vom Trinkgeld leben muss und keinen Stundenlohn erhält, schien zweitrangig. Putzen, so hieß es ja schon im Titel, sei schließlich ihr Leben.

Die Botschaft der gesamten Dokumentation lautete: Diese drei Frauen sind *dankbar*. Sie verdienen wenig, aber sie brauchen auch wenig. Sie *begnügen sich mit dem, was sie haben* – und sie *bleiben dabei glücklich*. Indem sich die Produzentinnen drei Frauen ausgewählt hatten, die einer solchen Erzählung überhaupt Projektionsfläche boten, verleugnete die Dokumentation systematisch sämtliche Missstände, die bei der Auseinandersetzung mit Beschäftigten im Niedriglohnsektor eigentlich ins Auge fallen müssten: die Zeitarbeit, die Nachtdienste, den körperlichen Verschleiß, die psychische Belastung, die Geringschätzung der Arbeit, die geringe Rentenerwartung, die niedrige Lebenserwartung.[81]

Das Phantasma der *sanften* Frau betrifft alle Frauen, doch längst nicht alle Frauen in gleicher Weise. Für manche bedeutet es »nur« weniger Freizeit, für andere ein Dasein in permanenter, unaushaltbarer Überlastung. Für manche bedeutet es Stress, für andere eine kurze Lebensdauer. Dieses höchst prekäre Ungleichgewicht scheint kaum viel länger durchhaltbar: Wenn Sozialwissenschaftlerinnen von einer »Krise der sozialen Reproduktion«[82], einer »Care-Krise«[83] oder einer »Sorge-Krise«[84] sprechen, beschreiben sie die rapide Verschiebung der Arbeits- und Bedürftigkeitsverhältnisse, die die rasant alternden Industriegesellschaften des globalen Nordens, die zunehmende Erwerbstätigkeit von Frauen sowie der jahrzehntelange Abbau des Sozialstaats gemeinsam verursachen.

Die *sanfte* Frau ist in dieser brennenden Ruine einer Gesellschaftsvision ein ideologisches Trugbild, das kapitalistische Mängel und Nöte kompensieren soll – und das die generelle Notwendigkeit der Fürsorge als gesellschaftliches Problem zu einer Privatangelegenheit verklärt. Die ZDF-Dokumentation über die drei angeblich lebensfrohen Putzfrauen zeugt eben nicht von einer einzelnen Verklärung, sondern steht für ein kulturelles Muster: den kollektiven Wunsch nämlich, dass die Arbeit, die Frauen verrichten, sie schon irgendwie glücklich mache. Wie könnte man die ungleiche Verteilung von Sorge besser rechtfertigen?

Ungleich ist diese Verteilung jedoch nicht nur in Bezug auf binär imaginierte Geschlechterverhältnisse, sondern sie verläuft auch entlang der Diskriminierungslinien von Klassenspaltung und Rassismus. »Ein Feminismus, der auf die Beendigung der aktuellen Krise abzielt«, so formulieren es die Philosophinnen Cinzia Arruzza, Tithi Bhattacharya und Nancy Fraser in ihrem wirkmächtigen Plädoyer *Feminismus für die 99 %*, »muss einen Begriff der gesellschaftlichen Reproduktion aufweisen, in dem all diese Herrschaftsachsen verstanden und zueinander in Beziehung gesetzt werden.«[85] Denn ob Altenpflegerin aus vierter Gelsenkirchener Generation oder migrantische, illegal beschäftigte Reinigungskraft: Die Entlohnung *sanfter* Frauen steht in einem eklatanten Missverhältnis zu ihrer gesellschaftlichen Bedeutung. »Offensichtlich gilt in unserer Gesellschaft die Regel, dass eine Arbeit umso schlechter bezahlt ist, je offensichtlicher sie anderen Menschen nützt«, kommentierte das der US-amerikanische Anthropologe David Graeber in seinem Essay *Bullshit Jobs*.[86] Es brauchte ein sich auf der ganzen Welt verbreitendes Virus, um diesen Tatbestand wenigstens für die Gesundheitsversorgung ein wenig lauter öffentlich zu skandalisieren. Geändert hat sich danach in Deutschland bekanntlich fast gar nichts, abgesehen von ein paar Prämien als Leckerli zum Weitermachen.[87]

Apropos Weitermachen. Ein Modewort der Gegenwart lautet *Abgrenzung*. Ich höre es fast ausschließlich von Frauen, und zwar bevorzugt von jenen, die sich allzu schnell verantwortlich fühlen und die Probleme anderer zu ihren eigenen machen. »Ich muss mich jetzt endlich mal *abgrenzen*«, stöhnen viele meiner Freundinnen immer wieder und meinen damit wahlweise übergriffige Mütter, larmoyante Loverboys, weinerliche Bekanntschaften oder Chefinnen, die Feierabend für ein überholtes Konzept halten.

Ich verstehe das mit der Abgrenzung. Spätestens seit ich dieses Buch schreibe, denke ich mir selbst hin und wieder, dass endlich Schluss sein muss mit all der *Sanftheit* – zumindest in all den Momenten, in denen ich den Eindruck habe, mich nur um andere zu kümmern und gar nicht um mich selbst. Und trotzdem widerstrebt es mir, eine Rhetorik der Grenzen und des Selbstschutzes gegen die böse Welt da draußen zur Lösung aller zwischenmenschlichen Probleme zu erklären.[88] Ich möchte nicht in einer Welt leben, in der sich alle bloß eifrig voneinander abgrenzen, sorgsam darauf bedacht, nicht zu viel zu geben. Ich wünsche mir stattdessen, dass Frauen schlicht nicht als *selbstverständlich verantwortlich* für die Belange anderer gelten. Ich will in einer Welt leben, in der sich Männer nicht nur ihren Partnerinnen, sondern auch ihren Kumpels öffnen, in der Väter sich ebenso für die emotionalen Belange ihrer Kinder verantwortlich fühlen wie Mütter. Ich will, dass sich Väter Elternzeit nehmen und dass das weder erklärungsbedürftig noch besonders löblich ist, sondern einfach normal. Ich möchte, dass zwanzigjährige Patientinnen am Chiemsee einfach ihre Ruhe haben können. Ich wünsche mir, dass unsere Umwelt so organisiert ist, dass Fürsorge ein selbstverständlicher Bestandteil unseres Daseins ist, etwas, das, wenn möglich, alle mal geben und alle mal in Anspruch nehmen.

Und ich weiß zugleich, dass es Menschen gibt, die sich absolut nicht *abgrenzen* können – und auch sie sind überwiegend Frauen. Streiks in Care-Berufen beispielsweise werden dadurch erschwert, dass die Betroffenen um ihre Verantwortung wissen. Es ist schwer, für einen besseren Personalschlüssel auf die Straße zu gehen, wenn man weiß, dass im gleichen Moment jemand auf der Intensivstation das Beatmungsgerät braucht.[89] Was in großen Krankenhäusern organisatorisch noch denkbar ist, ist beispielsweise in der Altenpflege geradezu unmöglich.[90]

Wie sähe also eine Gesellschaft aus, die Sorgearbeit nicht auf einen Teil der Bevölkerung abwälzen würde, sondern *Sanftheit* zu ihrem Kern und Kraftzentrum erklärte? Hier eine Utopie, die natürlich bei Weitem nicht allein meine Utopie, sondern die vieler Feministinnen ist, die sich aus vielen Blickwinkeln heraus mit dem Thema Fürsorge befasst haben: Eine *sanfte* Gesellschaft baut auf einer sozialen Infrastruktur auf, die eine unkomplizierte, nicht profitgesteuerte Betreuung von Kindern,

Kranken und Pflegebedürftigen ermöglicht, anstatt alles Soziale vor allem ins Private zu verlagern. Sie muss (und das ist keine Unmöglichkeit, vom öffentlichen Rundfunk bis zum Deutschen Wetterdienst gehören viele Dinge weiterhin der Öffentlichkeit und sind dem Markt entzogen) den Care-Sektor komplett vergesellschaften, damit die Gesundheit der Menschen nicht mehr dem Dogma der Rentabilität unterliegt – und eine Aufwertung und bessere Entlohnung sämtlicher Fürsorge leistender Menschen in Gang setzen. Eine *sanfte* Gesellschaft honoriert die Arbeit jener, die unbezahlt Fürsorge leisten, anstatt einer Lohnarbeit nachzugehen – auch und vor allem durch eine gute Alterssicherung. Sie richtet sich nach den Bedürfnissen ihrer Mitglieder aus. Sie verortet Fürsorge nicht allein in isolierten Kernfamilien, sondern potenziell ebenso in geteilten Elternschaften, Freundschaften, Wahlverwandtschaften. Sie ist kaum vorstellbar ohne die radikale Verkürzung sämtlicher Erwerbstätigkeit, damit Fürsorge keine belastende Zusatzarbeit sein muss, sondern integraler Bestandteil menschlichen Lebens sein kann. Sie verklärt Fürsorge nicht, sondern betrachtet sie in ihrer Ambivalenz: als eine anstrengende Arbeit, die zugleich erfüllend sein kann. Eine *sanfte* Gesellschaft bedarf dazu letzten Endes einer neuen Vorstellung von Arbeit, die neben der Erwerbstätigkeit endlich auch die Sorgearbeit einbezieht.

Ein solcher neuer Arbeitsbegriff ginge mit einem ganz anderen Menschenbild einher. Philosophinnen wie Hannah Arendt, Martha Nussbaum oder Judith Butler[91] stehen für eine Vision des Zusammenlebens, in der der Mensch, auch wenn ihn ein Großteil der ökonomischen Theorie gern so hätte, niemals ganz und gar autonom ist: Erst »die Erfahrungen extremer Abhängigkeit, Bedürftigkeit und Zuwendung« machten Menschen zu Menschen, schrieb etwa Martha Nussbaum.[92] Wenn die Notwendigkeit von Fürsorge, die uns zu Beginn und zum Ende unseres Lebens und ebenso immerzu zwischendurch betrifft, endlich nicht länger mit Schwäche assoziiert wird und ihre Ausübung nicht länger mit Weiblichkeit, werden wir allen Menschen ermöglichen, auf unverkitschte Weise *sanft* zu sein.

SÜSS

Körperlich fühlte ich fast nichts, nur ein leichtes Unbehagen. Ich wurde ganz steif und still und wartete darauf, dass Rossa es bemerkte und mit dem, was er tat, aufhörte, aber das tat er nicht. Ich überlegte, ob ich ihn bitten sollte, aufzuhören, aber die Vorstellung, dass er mich ignorieren könnte, erschien mir ernster, als die Situation sein musste. Gerate jetzt nur nicht in eine große rechtliche Sache, dachte ich. Ich lag da und ließ ihn weitermachen.
SALLY ROONEY (2019): GESPRÄCHE MIT FREUNDEN[1]

Ich hatte keine Lust, ich wollte ins Bett. Aber der Vertrag, den ich mit meinen Blicken in sein Gesicht bestätigt hatte, lag auf dem Tisch. Und man darf nicht vertragsbrüchig werden. Ich kann das nicht. Ich mache, was man von mir will, auch wenn ich es nicht will. Denn die Zufriedenheit darüber, dass ich keine Probleme mache, ist, was es für mich als Belohnung zu essen gibt und schon immer zu essen gab.
ANTONIA BAUM (2018): SETZEN SIE SICH![2]

No, I'm not a snack at all
Look, baby, I'm the whole damn meal
LIZZO (2019): JUICE

Ich treffe eine Freundin zum Mittagessen. Sie stochert schlecht gelaunt in ihren Spaghetti herum. Am Abend zuvor hatte sie ein Tinder-Date. Schon vorher habe der Typ sie gefragt, ob sie zusammen in die Sauna gehen wollten. Beim ersten Date, sagt sie und schaut mich vielsagend an. Letztendlich hätten sie sich auf ein Bier getroffen. Er sei ganz nett gewesen, aber so richtig geflowt habe es nicht.

Und?, frage ich. Und dann sagt sie, trocken wie das Brot zwischen uns auf dem Tisch, diesen Satz, der mich die nächsten Wochen beschäftigen wird: Manchmal ist es einfach der leichteste Weg, mit einem Mann nach Hause zu gehen, anstatt zu erklären, warum man lieber allein schlafen möchte.

Das ist ein krasses Beispiel. Aber es steht durchaus repräsentativ für eine Reihe von Erfahrungen, die Frauen, heterosexuelle zumal, machen – und illustriert die Figur, um die es in diesem Kapitel gehen soll. Die *süße* Frau hat gelernt, sich selbst als Objekt zu betrachten. Sie unterliegt einem permanenten Blick von außen, den sie übernimmt, auf sich selbst richtet, durch den sie sich prüft. Mit seiner Analyse ließen sich verschiedenste Phänomene bestimmen, Schönheitsnormen beispielsweise. In diesem Kapitel soll es jedoch um Sexualität gehen, weil sich hier gut veranschaulichen lässt, wie sehr Geschlechternormen bis in unsere intimste Sphäre wirken. *Süß* zu sein bedeutet im Sinne Andrea Long Chus, die ich bereits am Anfang dieses Buches zitiert habe, »jemand anderen an deiner Stelle begehren zu lassen, auf deine eigenen Kosten«.[3] Ich verwende *süß* hier also nicht im Sinne von *niedlich*, sondern im Sinne von *eye candy*: Die *süße* Frau gibt sich sexuell allzeit bereit – und das teils auch unter feministischem Vorzeichen.

Meine Freundinnen sind zwischen Mitte zwanzig und Mitte dreißig Jahre alt. Viele von ihnen praktizieren ihrer Generation und ihrem Milieu gemäß das, was recht technisch mit dem Begriff *Gelegenheitssex* beschrieben wird, also »eine selbstzweckhafte Form von Sexualität, die sich auf legitime oder sogar begrüßenswerte Weise vom Geschlechtsverkehr in stabilen Beziehungen unterscheidet«, wie es die Soziologin Eva Illouz formuliert.[4] Sie schlafen mit Männern, Frauen oder Menschen, die sich weder als das eine noch als das andere verorten, alles ganz *casual*, und oftmals kommen dabei witzige oder aufregende oder auch romantische Geschichten heraus.

Meine Freundinnen bezeichnen sich wie ich als Feministinnen, und auch wenn die meisten von ihnen solche Labels ablehnen, ließen sie sich vielleicht als *sexpositive* Feministinnen bezeichnen, was nichts anderes betont, als dass feministische Freiheit auch sexuelle Freiheit einschließen sollte, solange alle Beteiligten zu jedem Zeitpunkt einverstanden sind. Wenn Carrie aus *Sex and the City* 1998 noch darüber sinnierte, ob es möglich sei, »Sex wie die Männer zu haben«[5], sprich: ohne das zwangsläufige Ziel einer romantischen Beziehung zu verfolgen, dann ist dieser Modus wohl das, was viele meiner Freundinnen und ich gelegentlich ganz selbstverständlich leben. Gelegenheitssex imitiert eine Macht, die lange Zeit Männern vorbehalten war.[6]

Aber natürlich verhält es sich in der Realität komplizierter. Wie selbstverständlich erzählen manche meiner Freundinnen davon, schon Sex gehabt zu haben, den sie nicht oder nur bedingt wollten, und von Momenten, in denen sie sich rückblickend fremd vorkamen.

FREUNDIN 1 sagt, ihre größte Angst sei es, zu enttäuschen. Bei einem One-Night-Stand wolle man ja schließlich nicht als prüde gelten. Und, schiebt sie hinterher, das gelte doch wohl »vor allem für Frauen wie mich, die schlaue Bücher lesen«.

FREUNDIN 2 sagt, sie habe locker fünfzehn Jahre gebraucht, bis sie wusste, welchen Sex sie sich eigentlich wünscht – und sich nicht nur darum sorgt, zu gefallen.

FREUNDIN 3 erzählt von ihrem Exfreund, der, wenn sie sich auszog, oft die Melodie von *Der Mond ist aufgegangen* summte – als Kommentar zu ihrer Figur, die allmählich aus den mädchenhaften Konturen herauswuchs.

FREUNDIN 4 erzählt, dass sie kürzlich einen Monat lang nicht an

Sex habe denken können, nachdem sie mit einem Mann über ihre Grenzen gegangen sei. Dabei sei er sogar sehr darauf bedacht gewesen, dass alles konsensuell ablief.

FREUNDIN 5 erzählt von dem Mann, der am Abend des ersten Dates, sie waren gerade auf dem Weg nach Hause, die Frage stellte: Und was kann ich heute Abend eigentlich noch so erwarten?

FREUNDIN 6 sagt, dass sie seit Jahren unter starker Endometriose leidet, jener chronisch schmerzhaften Erkrankung der Gebärmutter, und dass sie darum bei Penetrationssex oft irrsinnige Schmerzen verspürt. Manchmal unterbricht sie dann, aber meistens nicht. Man will ja nicht die komplizierte Frau sein, sagt sie.

FREUNDIN 7 berichtet von diesem Mann, dem sie sagte, dass sie zwar nicht mit ihm schlafen wolle, er könne aber noch mit zu ihr kommen, und der dann dermaßen drängte, dass sie sich schließlich doch zum Sex überreden ließ. Danach, sagt sie, habe es sich wie eine Vergewaltigung angefühlt.

Die Situationen, von denen meine Freundinnen erzählen, sind zum Teil etliche Jahre her, aber sie sind sofort erzählbar, sie sind präsent geblieben. Sie erinnern mich an Momente, die ich selbst erlebt habe. »Das große Gedächtnis der Scham«, schreibt die französische Schriftstellerin Annie Ernaux, »ist sehr viel klarer und erbarmungsloser als jedes andere.«[7] Es ist schmerzhaft, in all diesen Erinnerungen die Lücke zwischen feministischer Theorie und alltäglicher Praxis wahrzunehmen – und zu begreifen, dass viele Erwartungen dermaßen in weiblich sozialisierte Körper eingeschrieben sind, dass auch Judith Butler spontan nicht helfen kann.

Gelegenheitssex ist natürlich nur eine von sehr vielen Formen, Sexualität zu leben. Wer seit langer Zeit in einer monogamen Beziehung lebt, sich asexuell verortet, keinen oder ganz anderen Sex hat, wird sich in den Erzählungen meiner Freundinnen nicht direkt wiedererkennen. Ich behaupte auch nicht, dass ein Großteil aller Frauen die exakt gleichen Situationen erlebt hat – sondern begreife diese Geschichten als symptomatisch. Sie stehen dafür, wie das Panoptikum der Weiblichkeitsentwürfe, von dem ich anfangs sprach, bis in unsere Gegenwart hinein den Weg zur sexuellen Selbstbestimmung erschweren kann.

Es geht mir hierbei, das sollte klar sein, nicht um das, was im deutschen Strafrecht Vergewaltigung heißt. Es geht vielmehr um eine Dynamik, innerhalb derer Frauen ihren eigenen sexuellen Willen als *nicht* legitimen Willen begreifen – aber die Sexualität ihres Gegenübers, euphemistisch ausgedrückt, sehr ernst nehmen. Es geht darum, wie Frauen dazu sozialisiert werden, ihre sexuelle Selbstbestimmung *süß* dahinschmelzen zu lassen.

Mit sechzehn Jahren ging ich samstags am liebsten ins *Schwanensee*. Das *Schwanensee* lag in einem Gebäude, das alle nur den »Turm« nannten, und meine Freundinnen und ich mussten einige Etagen hochtorkeln, bis wir ganz oben vor dem dunkelrot ausgeleuchteten Eingangsbereich standen. Im *Schwanensee* trank ich zum ersten Mal einen Cosmopolitan, an dem ich nur sehr langsam nippte, denn für einen zweiten reichte mein Taschengeld nicht. Das dünne Glas, das ich mit abgespreizten Fingern hielt, die Spiegelungen der verschwommenen Gesichter an der Bar, das gedämpfte Licht und der Rauch überall, all das schmeckte nach der Erwachsenenwelt, zu der ich bald Zutritt haben würde. Ich war nervös.

Was unter den flimmernden Discokugeln des *Schwanensee* geschah, erscheint mir heute zutiefst archaisch. Volltrunkene Teenager tanzten zu Musik, die lediglich als Vorwand diente, um nebeneinander rumzuwackeln und das Prozedere in Gang zu bringen: Der Junge näherte sich dem Mädchen von hinten, Junge und Mädchen wackelten einige Takte nebeneinander rum, der Junge fasste dem Mädchen wahlweise an die Brüste, an die Hüfte, an den Arsch oder zwischen die Beine.

Ich erinnere mich genau an die Blicke meiner Freundinnen, an die Art, in der sie die Augen verdrehten, um uns anderen zu signalisieren, dass sie *das* nun gerade *wirklich* nicht wollten. Hinter ihnen stand ein Typ, der seinen Kopf in ihren nach Kokos oder Pfirsich riechenden Haaren vergrub. Sie wackelten mit. Wie wir halt alle mitwackelten.

Ich erinnere mich auch daran, wie ich das erste Mal angetanzt wurde, an dieses zwiegespaltene Gefühl: Einerseits fand ich es vollkommen befremdlich, dass da nun also ein Typ hinter meinem Rücken wackelte und immer näher kam, um mir irgendwann *Wie heißt du* ins Ohr zu lallen. Ich wollte das nicht. Andererseits fühlte ich mich geschmeichelt. Ich hielt dieses Vorgehen für normal. Alle um mich herum auf der Tanzfläche machten das so, offenbar lief es so.[8]

Irgendwann wand ich mich aus den Händen des Typen, die mittlerweile zum Takt von David Guetta auf meinen Hüften lagen. Was mir heute unvorstellbar scheint: Ich wand mich, vorsichtig, als sei meine Bewegung ein Zufall. In meinem kleinen *Schwanensee*-Universum gab es keinen Raum dafür, jemandem deutlich zu sagen, dass ich nicht von hinten angefasst werden möchte. Irgendwann merkte ich, dass ich mich auf den Partys im linken Jugendzentrum wesentlich wohler fühlte: Dort gab es immerhin einen Dachboden eigens für Frauen und Queers. Manchmal ging ich trotzdem noch ins *Schwanensee*.

Ob aus den Jungs von der Tanzfläche große Feministen geworden sind, weiß ich nicht. Ihr Verhalten folgte einer Dynamik, der auch wir Mädchen folgten. Wir alle wussten, was zu tun war. Wackel wackel.

Nur drei Jahre später, mit neunzehn, saß ich dann also vor meinem Couchsurfing-Profil und der Frage, was meine Hobbys und Interessen seien. Ich schrieb: *eating chocolate*. Ich versuchte mir den Anschein zu geben, eine *süße*, den Verlockungen des Alltags zugeneigte Frau zu sein. Was verrät dieses winzige Beispiel über die sexuelle Agenda junger Frauen?

Ich wäre, als ich mein altes Couchsurfing-Profil überflog, nicht über *eating chocolate* gestolpert, hätte ich nicht kurz zuvor diesen Satz der britischen Philosophin Nina Power gelesen: »Ich glaube, es gibt eine ziemlich reale Erwartung, dass Frauen immer ›Schokolade‹ antworten sollen, wenn sie jemand fragt, was sie wollen«, schreibt sie in ihrer Polemik *Die eindimensionale Frau*.[9] Ich las diesen Satz immer und immer wieder. Intuitiv wollte ich ihm zustimmen – auch wenn sich mir auf Anhieb gar nicht erschloss, was das überhaupt bedeuten sollte: mit *Schokolade* antworten.

Die iranische Geschäftsfrau Anousheh Ansari plante im Jahr 2008 eine etwas größere Reise als ich in meiner kurz darauf einsetzenden Couchsurfing-Phase: Sie hatte einen Flug in den Weltraum gebucht. Dem US-amerikanischen Nachrichtenportal *ABC News* gegenüber sagte sie, es sei ihr völlig egal, was auf der Speisekarte der Internationalen Raumstation stehe – Hauptsache, Schokolade sei dabei.[10] Diese Aussage enthält für mich beinahe entschuldigenden Charakter: Ja, ich bin offensichtlich extrem reich und erfolgreich und fliege einfach so ins All. Aber keine Angst – letztendlich bin ich wirklich harmlos. Ich will doch nur naschen.

Wenn es um Sexualität geht, wird oft und gern behauptet, die Gleichberechtigung zwischen Männern und Frauen sei längst erreicht: Es gebe jetzt schließlich feministische Pornos, Onlineshops voller bonbonbunter Sextoys und wöchentlich neue Zeitungsartikel zum Thema weiblicher Lust. Wo Sigmund Freud einst einen »dunklen Kontinent« entdeckt haben wollte[11], sei mittlerweile alles bestens ausgeleuchtet. Die sogenannte sexuelle Revolution der sechziger Jahre in Westdeutschland, die der verklemmten Enge von Kaiserreich, Nationalsozialismus und muffiger Nachkriegszeit endlich ein Ende gesetzt habe, sei nicht nur bereits ein halbes Jahrhundert her, sondern auch überaus wirkungsvoll gewesen.

Bei genau dieser Behauptung muss man, denke ich, ansetzen, um sich der Frage nach sexueller Befreitheit in der Gegenwart zu widmen. Denn denke ich an Nächte im *Schwanensee* zurück, denke ich an meine Gespräche mit Freundinnen, google ich den *Gender Orgasm Gap,* dann scheinen mir die Versprechen einer sexuellen Revolution nun wirklich nicht ganz eingelöst. Natürlich wird viel über Sex gesprochen und geschrieben, wird Sex in allen möglichen Formen erkauft und zelebriert. Aber ist Sex wirklich schon befreit, wenn er überall ist?

Ich bin jung genug, um mich aus sicherer Distanz an Urteilen über die Wirkkraft der sexuellen Revolution und der gleichzeitig stattfindenden Studentenbewegung zu versuchen. Mein Wissen speist sich aus den abenteuerlichen Erzählungen meines Achtundsechzigervaters, der jemanden kannte, der jemanden kannte, der jemanden kannte, der Ulrike Meinhof Unterschlupf gewährt haben soll, und aus etlichen Büchern, die nachträglich die Ereignisse der sechziger Jahre rekonstruieren. Ich weiß also einerseits um die Revolutionsromantik, der ich als Oberstufenschülerin nur allzu gern folgen wollte, und andererseits um die oftmals desillusionierende Relativierung ebenjener Revolutionsromantik durch die Sozialwissenschaften, die die Umwälzungen der sechziger Jahre gegenwärtig meist in wenig morgenrötlichem Licht beschreibt: Frauen seien durchaus weiterhin unterdrückt[12], die Sexualität eher zur Ware geformt als befreit worden.[13]

Bei aller derartigen Kritik an der Rede von der sexuellen Revolution steht erst einmal fest: Durch die Infragestellung vielfältiger Normen, der Norm der Heterosexualität, der Monogamie, des Vorrangs männlicher Lust, des Besitzanspruchs auf eine Partnerin, der Doppelmoral der bürgerlichen Zweierbeziehung, hat sich unsere Kultur im vergangenen Jahrhundert nachhaltig liberalisiert, und diese Auseinandersetzungen kulminierten zweifelsohne in den Umbrüchen um 1968 herum – jedoch fanden sie statt, ohne die Idee des Patriarchats auflösen zu können. Menschen aller Geschlechter wird eine lustvolle Sexualität heute zumeist selbstverständlich zugestanden, jedoch bedeutet diese Errungenschaft der vergangenen Jahrzehnte nach wie vor für Frauen, Queers und trans Personen etwas vollkommen anderes als für heterosexuelle cis Männer.

Die sogenannte »Sexwelle«, wie sie ab Mitte der sechziger Jahre lüstern genannt wurde[14], erfasste alle Bevölkerungsschichten[15], das aber natürlich in unterschiedlicher Ausprägung – und für den Großteil der Bevölkerung am stärksten in Form medialer Sexualisierung. Nackte Frauenkörper und eindeutige Anspielungen waren plötzlich überall, in der Werbung, im Kino, bald auch im Fernsehen, in Boulevardzeitschriften ebenso wie in bürgerlichen Zeitungen. »Phalli auf Farb-Dias, Vaginae in Großaufnahmen, Koitus auf Kartenspielen, Knabenliebe auf Kalenderblättern, Lustgestöhne auf Schallplatten, Sadismus in Groschenprosa, Sodomie in 5-Minuten-Filmen – nichts, was nicht möglich wäre im Bereich von Scham und Scheide«, kommentierte der *Spiegel* Ende der sechziger Jahre diese Entwicklung halb lechzend, halb empört.[16]

Von dieser kommerzialisierten Entwicklung wollte sich die studentische Bewegung abgrenzen[17] und stürzte sich neben allen lebensweltlichen Verschiebungen besonders auf die Theorien des Psychoanalytikers Wilhelm Reich und des Philosophen Herbert Marcuse, die der Sexualität jeweils immense soziale Sprengkraft zuschrieben. Man diskutierte offen über Polygamie und Pornografie – und das, »was amerikanisch a healthy sex life heißt«, gehörte auf einmal »sozusagen zur physischen und psychischen Hygiene«, wie sich Theodor W. Adorno 1967 mokierte.[18] Von dieser neuen Stimmung sexueller Offenheit erhoffte man sich weitaus mehr als lediglich guten Sex.

Sexuelle Befreiung, so das Versprechen, sollte zu gesamtgesellschaftlicher Befreiung führen: nicht nur vom Erbe des Nationalsozialismus, sondern auch von den kapitalistischen Fesseln des Konsums und der Lohnarbeit. Adorno war einer der Ersten, die sich dieser Fantasie gegenüber skeptisch zeigten: Die »Befreiung des Sexus«, schrieb er, sei »in der gegenwärtigen Gesellschaft bloßer Schein«.[19] Der damalige Vorsitzende des Sozialistischen Deutschen Studentenbundes Reimut Reiche wiederum kritisierte, die vermeintliche sexuelle Revolution diene bloß dazu, die »Scheinbefriedigung« zu maximieren, um den kapitalistischen Profit zu erhöhen.[20] So nahmen bereits die damaligen Kommentatorinnen wahr, was später eine populäre Deutung von Achtundsechzig werden sollte: dass die Kritik an kapitalistischer Unterdrückung und uniformierter Massengesellschaft sowie die Ideale von Autonomie, Authentizität, Freiheit und Einzigartigkeit durchaus Grundsteine für die neoliberalen Umwälzungen ab den achtziger Jahren legten.[21]

Die Umbrüche der sechziger Jahre trafen tatsächlich auf eine sich verändernde kapitalistische Ökonomie, die die gegenkulturellen Impulse der Erneuerung bereitwillig aufnahm. Das führte einerseits zur Verbreitung und Normalisierung emanzipatorischer Lebensentwürfe, anderseits zur Gefahr, dass diese Lebensentwürfe in ihrer Vermarktlichung jeden utopischen Stachel verloren. Die Befreiung der Sexualität wurde, so eine gängige Deutung, in ihre Konsumierbarkeit verkehrt, die Forderung nach Selbstbestimmung in Selbstoptimierung. »Alle Wege von 68 führen letzten Endes in den Supermarkt«, kommentierte das mal ein Philosoph[22], der selbst erst in den Ashram und später ins Genre des brünstigen Alt-Männer-Romans abdriftete, um in letzterem Fantasien über weibliche Sexualität zu erkunden.[23]

Für Frauen bedeutete der sexualpolitische Umschwung von Achtundsechzig erhebliche Veränderungen: Hatte man ihnen bis in die dreißiger Jahre hinein oftmals wissenschaftlich abgesprochen, überhaupt sexuell begehrende Wesen zu sein[24], wurde Sexualität nun zu einem wichtigen Merkmal progressiver Weiblichkeit. Dank der Pille, die es ab 1960 in den USA und 1961 in Deutschland gab, war heterosexueller Sex endlich mit weniger Risiken verbunden. Doch aus der Befreiung erwuchsen eben neue Zwänge: Auf einmal waren Frauen, so schrieb der Sexualwissenschaftler Volkmar Sigusch 2005, »orgasmuspflichtig«.[25] Zeitzeuginnen berichten, dass sie den Eindruck hatten, eher sexuell verfügbar als sexuell befreit sein zu sollen; von »Orgasmusterror«[26] und »sozialistischem Bumszwang«[27] war die Rede. Die sexuelle Revolution blieb, wie die Studentenbewegung auch, männlich dominiert. »Wer zweimal mit derselben pennt, gehört schon zum Establishment«[28]: Parolen wie diese offenbaren, wer als aktiv und wer als passiv imaginiert wurde. Man wollte zwar von der neuen sexuellen Offenheit vieler Frauen profitieren – sie aber dennoch weiterhin im *süßen* Objektstatus wissen. So bedeutete die allgemein einsetzende Sexualisierung eben nicht: echte Gleichheit.

Für die Entstehung der Frauenbewegung stellte die sogenannte sexuelle Revolution zum einen – aufgrund der geteilten Erfahrung, dass Frauen zwar frei sein sollten, aber eben auch nicht *zu* frei – einen negativen Bezugspunkt dar. Zum anderen war sie gleichzeitig eine Voraussetzung der neuen feministischen Aufbrüche, da die liberale Sexualmoral und die immer selbstverständlichere Trennung von Sexualität und Fortpflanzung es erleichterten, all die restriktiven Normen rund um Weiblichkeit zum Thema zu machen.[29] Man entlarvte den Mythos des vaginalen Orgasmus, entdeckte für die westliche Moderne die Klitoris als Sexualorgan neu – und überführte die Erkenntnisse in die Praxis: Inspiriert von der US-amerikanischen Frauenbewegung, die diese Idee wiederum von der Bürgerrechtsbewegung übernommen hatte, bildeten sich sogenannte Selbsterfahrungsgruppen, in denen auf Grundlage von persönlichen Erfahrungen politische Analyse und Veränderung angestrebt wurden. Ein wichtiger Bestandteil war dabei auch die Auseinandersetzung mit dem eigenen Körper. Um sich von den männlich geprägten Vorstellungen von Sexualität, Medizin und Wissenschaft zu emanzipieren, nahmen die Gruppen Selbstuntersuchungen vor, betrachteten etwa ihre Vulven oder sprachen über ihre sexuellen Bedürfnisse.[30]

Diese Zusammenkünfte, die die eigenen Körper und die eigenen Sexualitäten zu einem politischen Thema erhoben, ermöglichten vielen Frauen um das »Erfahrungshunger«-Jahrzehnt der siebziger Jahre[31] herum ein vollkommen neues Verhältnis zu sich selbst. Doch so befreiend die Idee der kollektiven Selbsterfahrung war, so vereinzelnd war letztendlich doch ihr Charakter: Bereits in den siebziger Jahren kritisierten Akteurinnen der Frauenbewegung den Hang derartiger Gruppen zum Therapeutischen.[32] Wie Eva Illouz analysiert, ermöglichte erst der »therapeutische Diskurs« die feministische Auseinandersetzung mit der eigenen Sexualität.[33] Aus gesellschaftlichen Anliegen waren solche der lediglich partikular persönlichen Erfahrungswelt geworden.

Aber ist der Kampf um sexuelle Befreiung, wie sie den Akteurinnen der sexuellen Revolution bewusst oder unbewusst oft vorschwebte, überhaupt der richtige Weg, um Sexualität und speziell die weibliche Sexualität *wirklich* zu befreien? Und was heißt das denn eigentlich überhaupt, befreien? Im Jahr 2018 veröffentlichte die US-amerikanische Ethnologin Kristen Ghodsee ihren vielbeachteten Essay *Warum Frauen im Sozialismus besseren Sex haben*[34] – und bezeichnenderweise geht es darin kaum um Sex, sondern um eher unsexuell anmutende Themen wie Kinderkrippen, Quoten und Jobgarantien. Wenn ein starker Sozialstaat und eine gute Infrastruktur gegeben seien, so Ghodsees zentrale These, seien Frauen ökonomisch unabhängiger sowie weniger gestresst: Schlicht und ergreifend sei die Doppelbelastung von Lohnarbeit und *sanfter* Fürsorge geringer. Und wer sich weniger um Kinder, Abwasch und Kontostand sorgen müsse, habe auch mehr Muße, sich etwa mit der eigenen Sexualität zu beschäftigen.

An die Stelle der Fantasien von befreienden WG-Orgien und ausgiebigen Selbsterkundungen tritt in dieser Vision eine auf den ersten Blick weit weniger attraktiv wirkende politische Praxis – die die Veränderung der gesellschaftlichen Grundstrukturen anstrebt. Neu ist diese Idee natürlich nicht. Bereits Ende des 19. Jahrhunderts waren sozialistische Theoretikerinnen wie August Bebel überzeugt, dass es für die sexuelle Befreiung der Frauen entsprechende Rahmenbedingungen brauche.[35] Ein knappes Jahrhundert später zählte es zum ideologischen Standardrepertoire der DDR, die angeblich stärker durch aufrichtige Liebe angetriebene Lust im Osten als Gegensatz zur warenförmigen, ausbeuterischen Sexualität im Westen zu betonen. Sexuelle Erfüllung wurde als Recht und Pflicht der sozialistischen Bevölkerung verstanden.[36]

Auch wenn hinter solcher DDR-Propaganda handfeste politische Interessen lagen, steckt in dieser sozialistischen Fantasie doch ein Funke Wahrheit – und bieten vierzig Jahre deutsch-deutsche Trennung für die These vom befreiteren Sex im Sozialismus gute Feldstudienbedingungen. Auf beiden Seiten der Mauer fand man anfangs demografisch und kulturell ähnlich strukturierte Bevölkerungen vor, die fortan gravierenden wirtschaftlichen, politischen und kulturellen Unterschieden unterlagen. Und tatsächlich kann der Titel von Ghodsees Essay jenseits aller Verklärung durchaus ein Stück weit Geltung beanspruchen: DDR-Studien bestätigen, dass viele Frauen im deutschen Realsozialismus offenbar sexuell zufrieden waren. Solche Studien sollte man in Hinblick auf die politische Motivation hinter derartigen Forschungsergebnissen mit großer Vorsicht genießen – schließlich versuchte das SED-Regime schon seit den fünfziger Jahren, Lust und Sozialismus als zwangsläufig zusammengehörig zu propagieren, und schreckte auch nicht davor zurück, Karl Marx' sexuelle Zuneigung zu seiner Frau Jenny zu betonen, um sein Werk für eine jüngere Generation attraktiver zu gestalten.[37] Doch bei allen ideologischen Bedenken zeichnete beispielsweise die Studie zweier renommierter ostdeutscher Sexualwissenschaftler, die einen Vergleich zwischen Ost und West Ende der achtziger Jahre anstellten, ein ähnliches Bild: Während 74 Prozent der ostdeutschen Männer und 75 Prozent der ostdeutschen Frauen angaben, ihre letzte sexuelle Begegnung sei zufriedenstellend gewesen, sagten das im Westen 84 Prozent der Männer – aber nur 46 Prozent der Frauen.[38]

Zwar war die realsozialistische Sexualpolitik insgesamt alles andere als progressiv: LGBTQI-Personen etwa wurden kriminalisiert, verfolgt und von der Staatssicherheit überwacht[39], wenn Vertragsarbeiterinnen aus Vietnam, Mosambik oder Ungarn schwanger wurden, stellte das Regime sie in der Regel vor die zynische Wahl: Ausreise oder Schwangerschaftsabbruch, nur polnische Arbeitsmigrantinnen durften in der DDR Kinder bekommen.[40] Heterosexuellen Staatsbürgerinnen jedoch bot die DDR gute Voraussetzungen zur sexuellen Emanzipation: Ehen stellten, so der Soziologe Steffen Mau, »nicht in erster Linie Sicherheits- und Statusprojekte«[41] dar, sondern waren, zumindest stärker als im Westen, Arrangements auf Augenhöhe – was jedoch, wie schon im ersten Kapitel beschrieben, nichts daran änderte, dass Frauen einen Großteil der sanften Sorgearbeit schulterten.[42]

War eine Frau in Westdeutschland sexuell unzufrieden, aber ökonomisch auf ihre Ehe angewiesen, konnte sie höchstens versuchen, ihren Partner dazu zu bewegen, auf ihre Bedürfnisse einzugehen. Frauen im Osten hingegen vermittelten ihren Partnern, so legt es die Historikerin Ingrid Sharp nahe, einen derart autonomen Eindruck von sich selbst, dass das sexuelle Entgegenkommen viel selbstverständlicher war – und wenn nicht, war es wie beschrieben weitaus leichter als im Westen, eine Ehe aufzulösen.[43] Sicherlich werden für eine solche womöglich höhere sexuelle Gleichberechtigung nicht nur ökonomische Faktoren verantwortlich gewesen sein: Zum einen spielte Religion eine weitaus geringere Rolle als im Westen, wo die Sexualmoral maßgeblich durch die evangelische und die katholische Kirche geprägt war. Und zum anderen war der Rückzug ins Private in einem autoritären Regime wie der DDR, in dem der Staat quasi überall war, ein essenzieller Zufluchtsort. Nicht zuletzt ermunterte das Regime seine Bevölkerung dazu, dem Sexleben viel Platz einzuräumen – auch, um von offensichtlichen Einschränkungen wie Mauer und Mangelwirtschaft abzulenken.[44]

Der Mauerfall und die anschließende Wiedervereinigung 1990 bedeuteten für die ostdeutsche Sexualpolitik rechtliche Rückschritte. Während das SED-Regime bereits 1968 schwule Sexualität[45] und 1972 die Durchführung von Schwangerschaftsabbrüchen entkriminalisiert hatte, war in der Bundesrepublik beides noch bis Mitte der neunziger Jahre unter Umständen strafbar (und sind Schwangerschaftsabbrüche bis heute nicht gänzlich straffrei). Zugleich schwappte die westliche Warenförmigkeit der Sexualität mit Öffnung der Grenze in den Osten: Einen Tag nach dem Mauerfall schickte das Unternehmen Beate Uhse ganze Lastwagen voller Sexspielzeug und Videomaterial in die fünf ostdeutschen Bundesländer, vor den neu eröffneten Sexshops bildeten sich lange Schlangen.[46] In Form von Pornografie, Sexarbeit und Magazinen war Sexualität damit auch offiziell (und nicht nur heimlich) käuflich geworden.[47] Die retrospektiv unschuldig anmutende ostdeutsche Sexkultur war Geschichte.[48]

Aus der historischen Gegenüberstellung von West und Ost lassen sich zwei Annahmen darüber ableiten, wie sexuelle Befreiung aussehen kann. Der Idee, Sex *aus sich selbst heraus* zu befreien, steht die Vision gegenüber, dass freiheitliche Sexualität der *Nebeneffekt* einer Gleichstellungspolitik sein kann (die, das muss man dazusagen, im Fall der DDR auf dem Fundament eines Unrechtsstaates stattfand und nur für einen Teil der Bevölkerung galt). Heute hat sich tendenziell ersterer Gedanke durchgesetzt – Sexualität wird eklatant selten im Zusammenhang mit der sie umgebenden politischen und ökonomischen Ordnung diskutiert.[49] Doch wie überzeugend ist die Idee, eine gleichberechtigte Sexualität in einer Gesellschaft anzustreben, in der, siehe letztes Kapitel, insgesamt gar keine Gleichberechtigung erreicht ist?

Ich glaube nicht, dass Sexualität, wie die sexuelle Revolution von den Umbrüchen von 1968 an behauptete, der entscheidende Schauplatz ist, um Gerechtigkeitskämpfe auszutragen. Wenn Vibratorenmarken ihre »revolutionäre Technologie« anpreisen, ändert das schlicht nichts an der Tatsache, dass Frauen ökonomisch schlechter aufgestellt sind als Männer – sondern verhilft vor allem der stetig wachsenden Sextoy-Branche zum Aufschwung.[50] Wohl aber ist Sexualität ein Schauplatz unter vielen, auf dem um ein gerechteres Geschlechterverhältnis gerungen wird.

Denn bei aller Liberalisierung: Männliche Vorherrschaft ist in den meisten Bereichen unseres Lebens bestehen geblieben und begegnet uns so auch weiterhin in unseren sexuellen Skripten, in den sicherlich niemals ganz ideologiefreien, nie vollends eigenen oder authentischen Bildern, die wir alle von Sex und Intimität haben, und ebenso in den sozialen Rollen und Figuren, durch die wir uns und andere begreifen. Die meisten Jugendlichen konsumieren Cumshot-Szenen, bevor sie wissen, dass es so etwas wie weibliche Ejakulation überhaupt gibt (es sei denn, sie haben auf die Squirting-Kategorie geklickt). So setzt sich das Bild der allzeit verfügbaren *süßen* Frau früh in den Köpfen fest. Ich selbst war schon volljährig, als ich begriff, dass ich ein sexuelles Subjekt bin, also: dass Sex eher dafür da sein sollte, gemeinsam Spaß zu haben, als lediglich Spaß zu bereiten.

Damit sind wir beim Kernkonflikt der *süßen* Frau. Einerseits ist sie in einer Kultur aufgewachsen, die ihr stets vermittelt hat, weniger sexuelle Akteurin als sexuelles Objekt zu sein. Gleichzeitig hat sich diese Kultur in den letzten Jahren und Jahrzehnten liberalisiert und die Lust von Frauen neu entdeckt. Das ist erst einmal erfreulich: Eine selbstbewusst ausgelebte weibliche Sexualität wird – zumindest oberflächlich – nicht länger tabuisiert, sondern sogar als Gradmesser für Emanzipation gefeiert. Die Vulva ist, nicht nur von trans Aktivistinnen skeptisch beäugt, zum Symbol dieser neuen weiblichen Sexpositivität avanciert. Doch Positivitätskultur erschafft Druck: Genau wie kommerzialisierte Bodypositivität[51] Frauen abverlangt, ihren Körper nun gefälligst lieben zu sollen, fordert Sexpositivität sie geradezu kategorisch dazu auf, sich in sexuelle Abenteuer zu stürzen.

Das zeitgenössische Ideal permanenter sexueller Bereitschaft und Lust adressiert natürlich nicht nur Frauen, sondern alle Geschlechter. Nicht allen Menschen sind allerdings die Möglichkeiten gegeben, es gleichermaßen auszuleben.[52] Gelegenheitssex ist, so die Soziologin Eva Illouz, »Teil der Herausbildung neuer Formen von Sozialkapital, bei dem Sex, ein aktives Sexualleben und sexuelle Kompetenz zu neuen Statussymbolen und Wertkriterien werden«.[53] Wer Sex hat, nimmt an der heutigen Gesellschaft teil – und dabei gelten in unserer liberalen Gegenwart mit ihren ideologischen Errungenschaften der sogenannten sexuellen Revolution nur zwei Regeln, wie ich im Folgenden zeigen werde: Zum einen soll man wissen, was man will, und das auch artikulieren können. Zum anderen soll man dabei auf den Willen der anderen und somit auf Konsens bedacht sein. Die beiden Regeln wirken auf den ersten Blick gleichermaßen simpel wie einleuchtend. Aber sie produzieren auch Zwänge.

Die stillschweigend vorausgesetzte Norm, über lustvoll ausgelebte Sexualität zu verfügen, trifft junge Frauen in besonders perfider Weise. *Have sex, hate sexism,* lautet eine Parole des linksalternativen Milieus, und polemisch ließe sich gegenhalten, ob Letzteres ohne Ersteres überhaupt erlaubt ist: Ist eine entschiedene feministische Haltung etwa erst dann okay, wenn man sich seinem Umfeld jederzeit als lustvoll, hedonistisch, sexpositiv ausweisen kann? »In meinem Bild von Feminismus war nicht vorgesehen, keinen Sex zu haben«, resümierte die Journalistin Jeja Klein 2020 die Zeit bis zu ihrem dreißigsten Lebensjahr.[54] Ich denke, dass dieser Satz symptomatisch für einen großen Irrtum der Gegenwart steht. Als ob man es den

Feministinnen früherer Generationen, die so hart für die sexuelle Selbstbestimmung gekämpft haben, schuldig sei, das Geschenk ihres Erbes offensiv anzutreten, gilt in vielen Zusammenhängen: Wer befreit ist, hat Sex. Alles andere erschiene vor diesem Hintergrund beinahe wie ein politisches Versagen.

Als ich einer Freundin von meiner Arbeit an diesem Kapitel erzählte, stöhnte sie auf. »Eigentlich hätte ich gern einfach nur entspannten Sex«, sagte sie. »Das ist so, wie mir manchmal ein Apfel reicht, ich brauche nicht immer eine Ananas. Aber ich verspüre solchen Druck, dass ich meinen Sex irgendwie erkunden muss, dass ich *fancy* Fantasien haben sollte – nicht weil ich das will, sondern weil das von mir verlangt wird.« Wir fragten uns, warum um uns herum Sexualität überhaupt ein derart obsessiv ernstgenommenes Thema ist. »Über meine Arbeit wird nicht so viel gesprochen, dabei finde ich meine Arbeit viel wichtiger als meinen Sex«, sagte meine Freundin. »Ich will doch vom Sex gar nicht die große Erlösung.«

Have sex, hate sexism ist in diesem Sinne nicht einfach nur die Grundformel einer kleinen Subkultur. Vielmehr ist die Parole weit darüber hinaus präsent. »Wenn du einer Frau das Gefühl gibst, dass sie die *baddest bitch* im Raum ist, dann ist das weibliches Empowerment«, sagte die Sängerin Cardi B 2020 in einem Interview zu ihrem neuen Song *WAP*.[55] *WAP*, kurz für *Wet-Ass Pussy*, brach sämtliche Rekorde und löste in den USA einen gewaltigen Skandal aus – nicht nur aufgrund der äußerst expliziten Lyrics, sondern auch wegen des ebenso expliziten Videoclips: Gemeinsam mit Megan Thee Stallion sieht man Cardi B darin in einer Art Schloss der weiblichen Lust, in dem alle Böden feucht, sämtliche Körperteile nackt und prall und alle Frauen *horny* sind. In dieser Darstellung unterscheidet sich das Video nicht allzu sehr von dem männlicher HipHop-Künstler, nur dass kein einziger Mann darin zu sehen ist. Lediglich eine tiefe Background-Stimme rappt »*There's some whores in this house*«, und Megan Thee Stallion und Cardi B besingen ihre Freude an sexueller Lust und Dominanz. Während die Kongressabgeordnete Alexandria Ocasio-Cortez twitterte, *WAP* könne genauso für *Women Against Patriarchy* stehen[56], und eine Gynäkologin den Song für sexualpädagogisch ausgesprochen wertvoll befand[57], hätte sich manch ein Republikaner nach angeblich versehentlichem Hören am liebsten die Ohren mit Weihwasser ausgewaschen.[58] Und in der *Washington Post* traute man sich noch nicht einmal, *Wet-Ass Pussy* auszuschreiben.[59]

Zwei Dinge lassen sich zu *WAP* festhalten: Erstens provoziert es einen Skandal, wenn Frauen ihre selbstbestimmte Sexualität betonen – Schwarze Frauen zumal, die durch einen andauernden kolonialistischen Blick weiterhin vielfach hypersexualisiert werden[60] und insofern allen Grund haben, sich dieses Stereotyp anzueignen und Hypersexualisierung als selbstermächtigendes Instrument zu begreifen.[61] Während Sexpositivität bei *weißen* Frauen bejaht wird, wird sie bei Schwarzen Frauen – und grundsätzlich bei Frauen of Color – schnell stigmatisiert. Insofern birgt es ein emanzipatorisches Potenzial, wenn Cardi B und Megan Thee Stallion ihre Sexualität feiern.

Zweitens jedoch wirkt diese Feier auf mich auch wie ein anstrengender Pflichttermin. »*Seven days a week/wet-ass pussy*«, singen die beiden derart nüchtern, dass es nicht nach Imperativ, sondern nach Feststellung klingt. Hat die *süße* Frau denn niemals Pause? *WAP* zufolge ist sie permanent im Einsatz. Doch nicht nur das: Sie weiß auch ganz genau, wie sie sich diesen Einsatz vorstellt. »*Make it cream, make me scream/Out in public, make a scene*« sind noch zwei der prüdesten Zeilen von *WAP*. Cardi B und Megan Thee Stallion schildern explizit, welche Positionen (Reitstellung, Facesitting), welche Penisgröße

(Königskobra), welche sonstigen Praktiken (Würgen, Spucken, Rollenspiele) sie bevorzugen. Selbstbewusster können Frauen in sexueller Hinsicht doch eigentlich kaum auftreten, fantastisch! Wo also liegt das Problem?

Seit den feministischen Selbsterfahrungsgruppen der sechziger Jahre, aber spätestens seit den Spice Girls gilt Selbstkenntnis als das Nonplusultra souveräner weiblicher Sexualität. »*I'll tell you what I want, what I really, really want*«, hieß es 1996 in *Wannabe*. Ein knappes Vierteljahrhundert später hadert die Oberstufenschülerin Aimee in *Sex Education*, einer der beliebtesten Netflix-Serien der letzten Jahre, mit genau dieser Parole: Sie weiß nicht so recht, was sie beim Sex will. Ihr Freund ist gelangweilt davon, dass sie die immer gleichen Porno-Posen durchturnen will – und möchte mehr über ihre Wünsche erfahren. »Das hat mich noch nie jemand gefragt«, stellt Aimee verwundert gegenüber ihrem Mitschüler Otis fest.

Später liegt Aimee allein in ihrem Bett. Widerwillig, wie zum ersten Mal, berührt sie ihre Klitoris und starrt an die Decke. Doch plötzlich, wir sehen ein Blitzen in ihren Augen, legt sie los. Auf dem Bauch, auf der Fensterbank, auf dem Sofa, auf dem Schreibtischstuhl – Aimee kann gar nicht mehr aufhören mit dem Masturbieren. Als sie das nächste Mal mit ihrem Freund schläft, fordert sie ihn dazu auf, ihre Klitoris mit dem Daumen zu reiben, »langsam, dann schneller, nicht zu schnell. Wenn ich zittere, puste in mein Ohr«.

Es macht Spaß, Aimee dabei zuzusehen, wie sich ihre eher pflichtschuldig anmutende Mainstreampornoperformance zu libidinöser Selbstbestimmtheit wandelt. Endlich *weiß* Aimee, worauf sie Lust hat. Sie ist siebzehn, vielleicht achtzehn, man freut sich mit ihr über ihren klitoralen Erkenntnisgewinn. Doch zugleich offenbart die Freude über Aimees schnelle Verwandlung, dass folgender Satz gegenwärtig das Feministischste und zugleich Attraktivste ist, was eine Frau sagen kann: »Ich weiß, was ich will.«

Dem Kitzel des Selbstbewusstseins, das die Spice Girls, *WAP* und Aimee demonstrieren, kann man sich nur schwer entziehen. Es ist verlockend, mittels ein bisschen innerer Einkehr zu erkennen, was man sich *really, really* wünscht – auf die Frage, ob das überhaupt möglich ist, komme ich später noch zurück. In jedem Fall aber gilt der Anspruch natürlich nicht allein für Sex: *Zu wissen, was man will,* ist im Potenzfeminismus grundsätzlich ausgesprochen wichtig – das gilt ebenso für Beziehungen, Karrieren, Familienplanung, Aktien. Potenzfeministische Diskurse erkennen an, dass es so etwas wie Geschlechterungerechtigkeit gibt. Aber sie verorten sowohl das Problem als auch die Lösung in der weiblichen Psyche. Nicht etwa Strukturen bremsen demnach Frauen auf ihrem Weg zum Glück, sondern ihr Mangel an Selbstbewusstsein und Erkenntnis: Wenn du nicht weißt, worauf du stehst, liegt das nicht etwa daran, dass du im Biologieunterricht deine Klitoris als zu vernachlässigenden Schwellkörper kennengelernt hast. Wenn du ein schamhaftes Verhältnis zu deinem Körper hast, liegt das nicht etwa daran, dass Menstruationsblut in der Tamponwerbung noch immer klinisch blau ist. Wenn du dich bei der Gehaltsverhandlung fix abmoderieren lässt, hat das nichts damit zu tun, dass du mit dem latenten Gefühl aufgewachsen bist, dass weiblich konnotierte Arbeit weniger wert ist. Nein, das alles liegt allein an *dir*. Also informier dich auf der pastellfarbenen Sextoys-Webseite, kauf dir die süße Menstruationstasse, organisier deine Altersvorsorge mithilfe des coolen ETF-Podcasts, sag, was du willst, und beginne, dich zu lieben. So leicht lassen sich Jahrhunderte patriarchaler Herrschaft beiseiteschieben.

Es wäre zu kurz gegriffen, wollte man den Wahrheitsgehalt des Potenzfeminismus völlig bestreiten: Mangelndes Selbstbewusstsein in puncto Körper, Sex und Arbeit lässt sich natürlich durch individuelles Ermächtigen verbessern. Nichts gegen Klitoris-Kettchen, *free bleeding* und Rhetorik-Trainings für Frauen. Als alleinige Lösung taugen diese Strategien jedoch wenig, denn sie suggerieren mal wieder: Du hast die *Wahl*. Ein erfolgreiches Dasein als selbstbewusste Feministin soll dementsprechend vor allem das Ergebnis der richtigen, wohlüberlegten *Entscheidungen* sein – und eher weniger das Resultat der gesellschaftlichen Rahmenbedingungen. Befriedigender Sex ist in dieser Logik nichts mehr, was mit politischen Kämpfen für Gleichberechtigung in Verbindung gebracht wird, sondern die Frage eines individuell kuratierten Wohlfühlprogramms, das sich *#feminism* nennt. Der therapeutische Impetus, von dem bereits die Selbsterfahrungsgruppen ab den sechziger Jahren zeugten, hat sich heute ins Unendliche potenziert.

Die *süße* Frau, die sich kennt, liebt und ihre Sexualität genießt, ist so Symptom eines viel größeren Programms, in dem die Auseinandersetzung mit Feminismus primär eine Auseinandersetzung mit sich selbst bedeutet. Tritt man an dieser Stelle einen Schritt zurück und fragt sich, welche Rolle die sexuell libertäre, *weiße* Frau eigentlich in einer Einwanderungsgesellschaft wie Deutschland spielt, sticht eine weitere ideologische Dimension ins Auge. Sexuelle Erzählungen transportieren schließlich niemals allein Phantasmen von individuellem Sex, sondern sie dienen Gesellschaften auch dazu, sich den politischen Umständen gegenüber zu positionieren. Versuchte man in den Sechzigern, mittels promisker Beziehungsformen den Muff von tausend Jahren abzuschütteln, dient die Betonung einer radikal freien Sexualität und ganz besonders einer radikal freien Sexualität *weißer* Frauen sicher oft auch dazu, eine Grenze zu den vermeintlich *anderen* zu ziehen: Der Figur der sexuell selbstbewussten *weißen süßen* Frau steht beispielsweise die Figur der vermeintlich ebenso mit Textilien wie starren moralischen Konventionen bedeckten Muslima entgegen, die als sexuell unterdrückt gezeichnet wird. Auf den Körpern beider Figuren werden politische Kämpfe ausgetragen.

Als ich zehn oder elf Jahre alt war, galt es unter einigen meiner Mitschülerinnen als hip, sich mit *Playboy*-Bunnies zu schmücken. Sie trugen das Logo, den Hasen mit seinen in die Höhe gestreckten Ohren und der Fliege, auf ihren Etuis, als Ohrring oder Kettenanhänger und malten ihn in ihre Hausaufgabenhefte. Keine unserer Lehrkräfte war davon beunruhigt, dass der mal pink leuchtende, mal silbern glitzernde Hase in unserem Klassenraum allgegenwärtig war, niemand störte sich an ein paar Fünftklässlerinnen, die stolz das Logo eines Männermagazins herumtrugen. Doch als meine Freundin Merve, ebenfalls Teil der *Playboy*-Gang, eines Montags plötzlich mit Kopftuch in der Schule erschien, waren unsere Lehrkräfte in Aufruhr. Die Sachkundelehrerin zog Merve vertrauensvoll zur Seite, um sie nach ihren Beweggründen zu fragen. Nach einer Woche verkündete Merve, sie habe das Kopftuch nur als Test getragen, um zu schauen, wie wohl die Klasse reagieren werde, und trug es nie wieder. Alle beruhigten sich.

Diese Anekdote illustriert einen historischen Wandel: Weibliche Freizügigkeit, in diesem Fall symbolisiert durch das *Playboy*-Bunny, ist schon lange kein Politikum mehr, zumindest nicht, wenn sie sich den gängigen Schönheits- und Moralstandards unterwirft und lediglich so etwas wie einen neckischen, leicht zu integrierenden Semi-Tabubruch darstellt – weibliche Bedeckung, wie sie Kopftuch oder Burka für die Dominanzgesellschaft offensichtlich nach wie vor ausdrücken, hingegen schon. Kämpfte Brigitte Bardot in den siebziger Jahren noch dafür, an südfranzösischen Stränden ohne Bikinioberteil baden zu dürfen[62], erregte 2016 ein Vorfall in Nizza die internationale Öffentlichkeit, bei dem eine Muslima von vier bewaffneten Polizisten gezwungen wurde, ihren Burkini auszuziehen.[63] Zahlreiche französische Gemeinden hatten das Tragen von Ganzkörperburkinis gemäß dem laizistischen Gebot verboten. Bei derartigen Gesetzen geht es aber nie nur um die Trennung von Religion und Staat. Kopftuchpolitik als Abwehr der un*süßen* Frau, die nicht in den hiesigen Kapitalismus zu passen scheint, ist nichts anders als Vielfaltsabwehr im Gewand sexueller Skandalisierung. Sexualpolitik werde oftmals von einer Ideologie beschlagnahmt, in der Europa und die »moderne Welt« der bevorzugte Ort seien, an dem sexuelle Freiheit stattfinden könne, schrieb Judith Butler bereits 2008. Immer wieder werde dabei behauptet, dass diese Freiheit gegen die vermeintliche Orthodoxie migrantischer Communities verteidigt werden müsse.[64] Da Männer der herrschenden Wahrnehmung nach nie ein Problem mit sexueller Freiheit hatten, sind es *weiße* Frauen, deren für revolutionär befundene Lust als Aushängeschild für den progressiven Westen herhalten muss. Seid frei, habt Sex!, lautet der Imperativ. Doch nicht nur das.

Im Potenzfeminismus gilt, dass man nicht nur *wissen*, sondern, so wie Aimee in *Sex Education*, auch *sagen* soll, was man will. Der französische Philosoph Michel Foucault beschrieb das Benennen der eigenen sexuellen Wünsche in kritischer Absicht als »Gewinn des Sprechers«[65], in diesem Fall der Sprecherin: Geht man davon aus, dass Sexualität allgemein unterdrückt ist, dann stellt bereits das alleinige Sprechen über sie und sich selbst eine, Obacht, lediglich *gefühlte* Geste der Grenzüberschreitung dar. »Wer diese Sprache spricht«, bemerkte Foucault ironisch, »entzieht sich bis zu einem gewissen Punkt der Macht, er kehrt das Gesetz um und antizipiert ein kleines Stück der künftigen Freiheit.«[66] Foucault verwehrte sich nun aber der Behauptung, dass das Reden über Sexualität *wirklich* tabuisiert sei. »Das Wesentliche«, schrieb er, »liegt darin, daß seit drei Jahrhunderten der abendländische Mensch an den Imperativ gebunden ist, alles über seinen Sex zu sagen; daß es seit dem klassischen Zeitalter zu einer ständigen Erweiterung und einer immer höheren Bewertung des Diskurses über den Sex gekommen ist.«[67] Vereinfacht ausgedrückt: Wir sprechen permanent über Sex (in der Beichte, in der Psychoanalyse, in der Sexualwissenschaft, in der Kindererziehung, in jeglicher Populärkultur), tun aber fortwährend so, als würde das niemals passieren dürfen.

Foucaults Analyse ist über vier Jahrzehnte alt und auf unsere Gegenwart nur bedingt anzuwenden. Dennoch lässt sie sich auf die feministische Geste der Sexpositivität beziehen. Dem neuen weiblichen Sprechen über die eigene Lust, *have sex, hate sexism*, wohnt auf den ersten Blick ein Triumph über die patriarchale Ordnung inne – der, folgt man Foucault, jedoch gar nicht gegeben ist: Der vermeintliche Bruch des Schweigens, das gar kein Schweigen ist, wirkt letztlich machtstabilisierend. Es ist fraglich, ob die Allgegenwärtigkeit des Sprechens über Sex unsere geschlechtliche Ordnung so sehr durcheinanderwirbelt, wie wir uns das wünschen.

Kurz nachdem die #MeToo-Debatte angestoßen worden war, veröffentlichte der *New Yorker* im Dezember 2017 Kristen Roupenians Kurzgeschichte *Cat Person*, in der die zwanzigjährige Margot auf den vierunddreißigjährigen Robert trifft. Nach einem Abend im Kino geht Margot mit Robert nach Hause – und verspürt plötzlich gar keine große Lust mehr.

»Wie sie ihn da so sah, so ungelenk vornüber gebeugt, mit dem Bauch, dick und weich und stark behaart, dachte Margot: O nein. Aber der Gedanke daran, was es an Aufwand bedeuten würde, jetzt zu stoppen, was sie in Bewegung gesetzt hatte, war überwältigend. Es hätte ein Maß an Takt und Sanftmut gebraucht, das sie sich nicht vorstellen konnte, aufzubringen. Das Problem bestand nicht darin, dass er sie zu etwas zwingen könnte, was sie nicht wollte. Eher darin, dass, wenn sie jetzt darauf bestand, aufzuhören, nach allem, was sie unternommen hatte, damit es so weit kam, es sie mies und launenhaft hätte aussehen lassen. So als hätte sie in einem Restaurant eine Bestellung aufgegeben, nur um das Essen dann, als es kam, zurückgehen zu lassen.«[68]

Was würde es bedeuten, *das Essen zurückgehen zu lassen* – etwa, die Fassade der eigenen Vernaschtheit aufzugeben? Margots angestrengte Gedanken führen in ein Gefängnis von Ansprüchen, die an Frauen herangetragen werden – die sie aber zugleich an sich selbst stellen und durch die sie sich beschränken. Margot kennt ihren eigenen Willen (»O nein«), aber sie richtet ihren Blick wie einen Scheinwerfer auf sich: Sie weiß, wie vorsichtig sie sich zu verhalten hätte, um ihren eigenen Willen durchzusetzen, und wie aufwändig das wäre, es würde »Aufwand, Takt, Sanftmut« von ihr verlangen – und sie weiß ebenso genau, wie Robert sie dann wahrnehmen könnte: »mies, launenhaft«.

Über die Figur der *sanften* Frau habe ich im vorangegangenen Kapitel formuliert, dass ihr zentraler Leitsatz die Idee ist, stets die Bedürfnisse anderer erfüllen zu wollen. In der ebenso behechelten wie potenziell ermutigenden Sexpositivität junger Feministinnen berührt sie sich immer wieder mit der Figur der *süßen* Frau, die allzeit sexuell aktiv und verfügbar ist. Die beiden Figurenkonzepte ergeben gemeinsam eine perfide Schnappfalle, die etwa im Falle Margots in *Cat Person* zu einer fundamentalen Verleugnung des eigenen Willens führt. »O nein«? Egal.

Um dieses die *süße* Frau kennzeichnende *Egal* dem eigenen individuellen Wollen gegenüber zu bestimmen, lohnt noch ein weiterer Blick auf das Verhalten Margots in *Cat Person*: Wie geht sie mit ihrer eigenen Psyche, mit ihren Gefühlen um? Kunstvoll wird die gesamte Erzählung hindurch etabliert, dass sich Margot vor allem in Roberts Wahrnehmung von ihr – oder vielmehr in dem, was sie für Roberts Wahrnehmung hält – *spiegelt*. Während sie mit Robert schläft beziehungsweise leider eher Robert irgendwie mit sich schlafen lässt, stellt sie sich vor: »Was ihm durch den Kopf gehen mochte, wenn er sie ansah. Was für ein wunderschönes Mädchen, ihr Körper ist vollkommen, alles an ihr ist perfekt, sie ist erst zwanzig, ihre Haut ist makellos und so weich.«[69] Margot begreift sich obsessiv als Betrachtungsgegenstand Roberts. Ihre Erscheinung, ihr Verhalten, alles soll ihm gefallen. Später bemerkt Margot diese Entfremdung von sich selbst: »Sie wunderte sich über sich selbst, über die rätselhafte Person, die gerade diese bizarre, unerklärliche Handlung vollzogen hatte.«[70] Indem die *süße* Frau das Begehren des anderen imaginiert, entfernt sie sich von ihrem eigenen.

Tatsächlich hält unsere Kultur für Frauen, und für heterosexuelle auf eigene Weise, ein ganzes Repertoire an Imperativen bereit, die weniger nach Spaß als nach Arbeit klingen. Die in meinem Umfeld heißgeliebte Serie *Fleabag* bringt das auf den Punkt. Zu Beginn der ersten Staffel steht Fleabag, eine Londonerin Anfang dreißig, sichtlich abgehetzt im Flur ihrer Wohnung und sagt mit neurotischem Blick direkt in die Kamera: »Kennt ihr das, wenn ein Typ eine SMS schreibt, zwei Uhr, Dienstagnacht, und fragt, ob er vorbeikommen kann? Du hast gesagt, du wärst gerade heimgekommen, also musst du aufstehen, eine halbe Flasche Wein trinken, dich rasieren, aufreizende Dessous rauskramen, Strapse und alles, und an der Tür warten, bis es klingelt. Dann machst du ihm auf, als hättest du vergessen, dass er kommt. [...] Und dann legt ihr sofort los.

Nach ziemlich durchschnittlichem Rumvögeln merkst du, er bewegt sich in Richtung deines Arschlochs. Aber du bist betrunken, und er ist extra hergekommen, also lässt du ihn. Er findet es ziemlich geil.«

Über diese Szene kann man alles behaupten, nur eins nicht: dass Fleabag Spaß hätte an dem, was sie da tut. Sie folgt vielmehr einem Programm der Pflicht: Wein, Rasur, Dessous, Rumvögeln, Analsex. Als der Typ am nächsten Morgen geht, wirkt sie erleichtert.

Frauen, die mit Schokolade antworten – Nina Powers Behauptung, dass Frauen auf jede Frage nach ihrem Willen jederzeit so zu antworten hätten, beschreibt genau das Verhältnis, das in so vielen Beschreibungen junger Frauenfiguren der Gegenwartskultur aufblitzt: Die Frage nach dem eigenen Hunger unterdrücken sie und unterwerfen sich stattdessen einer allgemein als begehrenswert geltenden Vernaschtheit, womöglich nicht einmal bewusst.

Frauen, die mit Schokolade antworten, bedeutet in dieser Betrachtungsweise auch immer wieder: Frauen, die Sex haben, ohne ihn richtig zu wollen.

Der französische Soziologe Pierre Bourdieu hätte dieses Phänomen vielleicht als *symbolische Gewalt* bezeichnet: als »eine Form von Macht, die jenseits allen physischen Zwangs unmittelbar und wie durch Magie auf die Körper ausgeübt wird«.[71] In seiner Studie *Die männliche Herrschaft* ging er der Frage nach, wie sich patriarchales Denken und Handeln manifestiert. »Wie durch Magie« ist dabei eine reichlich unbefriedigende Antwort. Auch bezüglich der Veränderbarkeit dieses Denkens und Handelns zeigte sich Bourdieu wenig optimistisch: »Wenn es völlig illusorisch ist, zu glauben, die symbolische Gewalt könne mit den Waffen des Bewußtseins und des Willens allein besiegt werden, so deshalb, weil die Resultate und die Bedingungen ihrer Wirksamkeit in Form von Dispositionen dauerhaft in das Innerste der Körper eingeprägt sind.«[72] Wenn unsere Körper einer Gewalt folgen sollten, die wir selbst gar nicht zu besiegen imstande sind – was folgt daraus?

Erst einmal ist wichtig: Sex, der nur halb gewollt ist, ist kein Phänomen, das allein Frauen betrifft. Die Forderung zu sexueller Bereitschaft, sexueller Handlung, sexuellem *Erfolg* betrifft alle Geschlechter und Begehrensformen. Die finnische Künstlerin Denice Bourbon beschrieb einmal, wie sie noch mit Mitte vierzig, als »queer-feministische Lesbe mit einer großen Klappe und wenig Angst«, Schwierigkeiten hatte, einvernehmlichen Sex zu haben: »Manchmal merke ich mittendrin, dass ich einen Aufriss doch nicht will, aber ich ziehe den Sex trotzdem bis zum Ende durch, damit sie sich nicht verarscht fühlt.«[73]

In den anglophonen sexualpolitischen Debatten wird dieses Phänomen beschrieben als *sexual compliance*, sexuelle Nachgiebigkeit, oder auch als *sexual acquiescence*, sexuelle Inkaufnahme. Während der erste Begriff nahelegt, dass eine Freiwilligkeit darin besteht, sich zu fügen, verweist letzterer, schreibt die Sexualwissenschaftlerin Rona Torenz, stärker auf soziale Zwänge.[74] Damit sind wir mittendrin in der Debatte: Wer trägt Verantwortung für Sex, der sich für einen Part nur, nennen wir es mal: *mittelkonsensuell* anfühlt? Die Person selbst, die nicht *Nein* zu einer sexuellen Handlung gesagt hat? Ihr Gegenüber, das vielleicht zu wenig Raum für ein *Nein* gelassen hat?

Die Diskussion um diese Frage rang in den vergangenen Jahrzehnten vor allem um diese beiden Begriffe: *Ja* und *Nein*. »Nein heißt Nein« lautete von den siebziger Jahren an lange Zeit eine der populärsten sexualpolitischen Parolen. Sie sollte verdeutlichen, dass eine Frau, die Nein sagt, auch Nein meint – und nicht etwa, dass sie sich ziert und insgeheim ein Ja signalisieren möchte. Im Zuge der zweiten Welle der Frauenbewegung kritisierten Feministinnen diese männliche Schimäre, auch *token resistance* genannt, als Vergewaltigungsmythos und argumentierten, dass sie vielfach zu sexualisierter Gewalt beitrage, wenn ihretwegen Widerstandshandlungen von Frauen grundlegend nicht ernst genommen würden.

Erst im Jahr 2016 verabschiedete der Deutsche Bundestag eine Reform des Sexualstrafrechts, die »Nein heißt Nein« in juristische Realität verwandelte. War es zur Anerkennung des Straftatbestands einer Vergewaltigung zuvor noch notwendig gewesen, dass eine Gewaltanwendung stattgefunden hatte, reicht es seither aus, wenn die vergewaltigte Person die Handlung sichtlich nicht wollte – beispielsweise, indem sie sich körperlich gewehrt, geschrien, geweint oder eben Nein gesagt hat.

Allerdings birgt der Grundsatz von »Nein heißt Nein« etliche Probleme. Zum einen suggeriert er, dass Vergewaltigungen das Ergebnis eines *nicht geäußerten* Neins sein könnten – und nicht etwa das, was sie in jedem Fall und völlig unabhängig von den Äußerungen oder Nichtäußerungen der betroffenen Person sind, nämlich bewusste Gewaltanwendungen gegen ihren Willen, wenn dieser Wille darin bestand, keinen Sex zu wollen. Zum anderen verlagert »Nein heißt Nein« die Verantwortung auf die Person, gegen deren Einwilligung gehandelt wird – und nicht etwa auf die Person, die ohne Einwilligung gehandelt hat.

Aus dieser Kritik heraus entstand die diametrale Parole »Ja heißt Ja«. Sie weist darauf hin, dass die Abwesenheit eines »Nein« angesichts von Machtverhältnissen, die es beim Sex immer durch Geschlecht, Herkunft, Alter und viele weitere mögliche Faktoren geben kann, noch kein »Ja« bedeuten muss. Eine sexuelle Handlung gilt »Ja heißt Ja« zufolge erst dann als einvernehmlich, wenn sich die initiierende Person der Zustimmung der anderen Person versichert hat: Erst wenn das Ja artikuliert ist, sei es durch Worte, Nicken, Stöhnen, was auch immer, kann es weitergehen.

Es ist eine Errungenschaft, dass Konsens in vielen (aber bei weitem nicht allen) Ländern dieser Welt zur obersten Prämisse sexuellen Handelns geworden ist. Bereits in den zwanziger und dreißiger Jahren hatten sich Pioniere der sexuellen Emanzipation wie Magnus Hirschfeld für eine Ethik gegenseitigen Einverständnisses stark gemacht.[75] Doch erst in den neunziger Jahren sprach der Sexualwissenschaftler Volkmar Sigusch von einer sich etablierenden »Konsensmoral«[76]: An die Stelle der Frage nach dem moralischen *Was* (welche sexuellen Praktiken?) trete das *Wie* (war der Sex einvernehmlich oder nicht?). Die Überzeugung, dass alles, was Menschen miteinander anstellen, in Ordnung ist, solange alle Beteiligten damit einverstanden sind, hatte sich durchgesetzt.

Und in feministischen wie akademischen Zusammenhängen hat sie sich sogar mehr als durchgesetzt, sie hat sich enorm popularisiert. Von »enthusiastischem Konsens« ist die Rede[77], der Slogan *Consent is sexy* prangt auf Stickern und Shirts – und soll so sicherlich unterschwellig dem so gern von älteren Generationen geäußerten Prüderievorwurf vorbeugen, zu viel Kommunikation töte die Lust. »Durch die Etablierung von Konsens […] wird eine sexuelle Situation hergestellt, in der jeder zu seinen aktuellen sexuellen Bedürfnissen findet«, heißt es optimistisch in einem Ratgeber zu Sexpositivität.[78] Und der AstA der Universität Hamburg schreibt in einer Broschüre: »Vielleicht bist du nicht daran gewöhnt, eigene Bedürfnisse zu kommunizieren, weil oft vorausgesetzt wird, dass diese je nach Geschlecht der Person auf jeden Fall so oder so sind. Versuch es trotzdem.« So könne man sichergehen, »dass genau das passiert, was du willst« – und ebenso *genau* das, was die andere Person wolle. Es gehe nicht darum, vorab eine Liste mit den

Dos und *Don'ts* zu verfassen, sondern vielmehr darum, »voraussetzungsfrei miteinander umzugehen«, und das heißt hier eben: vor jeder neuen sexuellen Handlung erneut Zustimmung einzuholen.[79]

Das scheint erst einmal simpel – und geschlechtsneutral. Menschen treffen völlig voraussetzungsfrei aufeinander, kommunizieren auf verbale oder nonverbale Weise gelingend ihre sexuellen Bedürfnisse, machen *gemeinsam* dann *genau* das, worauf sie Lust haben – und der Konsens, den sie dabei fortwährend haben, ist auch noch sehr sexy. Klingt gut. Aber ist es wirklich so einfach?

Weder unsere Sexualität noch unsere Kommunikation sind herrschaftsfreie Sphären. Selbst wenn alle Beteiligten zu jedem Zeitpunkt einer sexuellen Begegnung ein Ja geben, können und werden dabei stillschweigend noch immer viele verschiedene komplexe Normen und Hierarchien vorherrschen – und kann und wird eine vermeintlich freiwillige Einwilligung natürlich auch das Resultat vergeschlechtlichter Annahmen über den eigenen Handlungsspielraum sein. Sexualität, und ganz besonders die so oft unhinterfragten Tradierungen folgende heterosexuelle Sexualität, ist von Drehbüchern geprägt, die wir nicht einfach konsensuell vergessen können. Diese Drehbücher entstehen nicht erst während einer sexuellen Handlung, sondern sie existieren in uns und bewegen sich in stetiger Beziehung zu den uns umgebenden Einflüssen. Sie sind keine äußerlichen Ideen, die wir, wie so oft gepredigt, im Moment »wahrer Lust« oder dergleichen abstreifen können, sondern sie wirken auf uns ein und bringen unsere Sexualität womöglich erst hervor. »Ich hatte gedacht, Sex bedeute, dass man trotz panischer Angst neues Gebiet betrat, dass die Regeln der Welt, solange sie uns nicht sah, außer Kraft gesetzt waren. Doch ich irrte mich«, stellt der Erzähler in Ocean Vuongs Roman *Auf Erden sind wir kurz grandios* resigniert fest, nachdem er einige Male mit seinem neuen Freund geschlafen hat. »Die Regeln – sie waren bereits in uns.«[80]

In diesem Zitat zeigt sich noch einmal der Grund, aus dem ich die *süße* Frau in diesem Kapitel besonders anhand solcher sexueller Begegnungen beschreibe, die nicht von gewachsenem Vertrauen geprägt sind. In der Betrachtung von Gelegenheitssexualität, und insbesondere von heterosexueller Gelegenheitssexualität, können wir wie unter einem Brennglas viel über die internalisierten Regeln der Geschlechter- und Machtverhältnisse erfahren.

In den achtziger Jahren identifizierte die einflussreiche feministische Psychologin Wendy Hollway drei Skripte für heterosexuelle Begegnungen. Sie sind wieder nur als Annäherungen an das Spektrum möglicher Verhaltensweisen zu betrachten. Als *male sexual drive discourse* beschrieb Hollway den Glauben, dass sich männliche Sexualität durch ein natürliches, unkontrollierbares Begehren auszeichne. Während Frauen wenig eigenes Begehren verspürten, seien Männer demnach permanent auf der Suche nach Sex.[81] Auch wenn diese Vorstellung in den vergangenen vierzig Jahren brüchiger geworden sein mag: Sie ist noch immer unbewusst präsent, sei es in relativierender Berichterstattung über sexualisierte Gewalttaten (wenn etwa eine Vergewaltigung lediglich ein »Sex-Skandal« ist oder, in ihrer beschuldigenden, rassistischen Form, wenn beispielsweise nach den Vorfällen der Kölner Silvesternacht 2016 Männern of Color ein kaum zu bändigender Trieb unterstellt wurde) oder im heterosexuellen Mainstreamporno (wo Männer immerzu wilde Hengste zu sein haben). Dem *male sexual drive discourse* zufolge ist es eine biologische Tatsache, dass Männer stetig Bock haben – eine Annahme, die bereits in der Antike mit einer vermeintlich höheren Körpertemperatur begründet wurde und für die, seit sich diese Theorie als falsch erwies, immer wieder neue fadenscheinige Ursachen gefunden wurden.[82]

So gilt auch im 21. Jahrhundert noch: Wenn ein Mann keine Lust hat, stimmt irgendwas nicht. Davon erzählt auch die dänische Serie *Sex,* die 2020 erstmals auf der Berlinale gezeigt wurde und die Konflikte eines jungen Paares beleuchtet. Simon und Catherine lieben sich zwar, aber Simon hat nach einigen Jahren Beziehung nicht mehr allzu viel Lust auf Sex. Für Catherine ist das ein großes Problem, sie beginnt eine Affäre mit ihrer Kollegin Selma. Die Macherinnen der Serie wurden immer wieder gefragt, ob Simon nicht vielleicht einfach schwul sei[83] – offenbar die einzig legitime Erklärung für den Libidoverlust eines Heteromanns.

Als zweites Skript nannte Hollway den *have/hold discourse,* nach dem Frauen sich von Sex stets romantische Beziehungen erhoffen würden, Männer also *haben* und *halten* wollten – wovor Männer diesem reaktionären Diskurs zufolge natürlich enorm zurückschrecken.[84] »Darum geht es schließlich«, denkt sich in Jovana Reisingers Roman *Spitzenreiterinnen* geradezu plakativ eine junge Frau, während sie ihr Tinder-Profil aktualisiert, »einen finden, einen halten und ihn hoffentlich überleben.«[85] Dieses Phantasma flackert immer dann auf, wenn von männlicher Bindungsangst und weiblicher Beziehungsgier die Rede ist. Ihm stellte Hollway als drittes Skript den *permissive discourse* gegenüber – die freizügige Vorstellung, dass doch selbstredend alle Geschlechter ihre Sexualität auch jenseits von Paarbeziehungen ausleben können. Diese Idee ist jedoch ohne den *male sexual drive discourse* nicht denkbar: Für Männer birgt ein freizügiges Sexualleben kaum Einschränkungen, für Frauen jedoch gilt ein perfider Doppelstandard.[86] Wo Männer Herzensbrecher sind, sollen Frauen zwar unbedingt mittun, sind im Zweifelsfall aber: Schlampen.

Auch wenn uns diese drei Skripte im 21. Jahrhundert weiterhin begleiten, scheint bei ihrer Betrachtung etwas zu fehlen. Keines von ihnen enthält auch nur den Ansatz einer Vorstellung von aktiv gelebter weiblicher Sexualität, von weiblicher Offensive. Entweder dienen Frauen als Türsteherinnen, die dem Willen eines Mannes nur stattgeben oder sich ihm widersetzen können. Oder sie streben ganz unsexuell nach einer romantischen Beziehung, in der sie Männer durch Sexualität lediglich an sich binden möchten. Oder aber sie dürften, *yay*, promisk leben, müssen dann jedoch die Gefahr gesellschaftlicher Sanktionierung in Kauf nehmen.

Fast ein halbes Jahrhundert Menschheitsgeschichte später ergänze ich darum Hollways Entwurf ihrer drei Skripte von Heterosexualität durch ein weiteres: den *postfeminist sex-positive discourse*. Ihm zufolge sind Frauen im Namen des Feminismus dazu aufgerufen, ihre Lust offensiv und selbstbestimmt auszuleben – siehe *WAP*. Doch auch dieses Skript erweist sich als restriktiv, und das in ähnlicher Weise, wie der *male sexual drive discourse* keine Errungenschaft für Männer darstellt. Eine aktive Sexualität ist in beiden Skripten keine individuelle Entscheidung, sondern die notwendige Voraussetzung für erfolgreich performte Weiblichkeit oder Männlichkeit. Von einer *Möglichkeit* ist Sexpositivität bei Frauen nahezu zu einer *Pflicht* geworden.

Ein kurzer Blick zurück veranschaulicht, wie sehr sich unsere Normen in nur wenigen Jahrzehnten verändert haben: 1984 prägte die US-amerikanische Anthropologin Gayle Rubin den Begriff eines Zauberkreises, eines *charmed circle*, der unsere Sexualität in »gut« und »schlecht« aufteile: Innerhalb des Kreises befinde sich Sexualität, die heterosexuell, partnerschaftlich, monogam und blümchensexhafter Natur sei – und außerhalb des Kreises alles, was sozial weniger akzeptiert sei: Sex, der nicht heterosexuell, nicht partnerschaftlich, promisk und *kinky* ist.[87] Fast vierzig Jahre später scheint mir, als habe sich dieser Kreis umgekehrt. In vielen Zusammenhängen ist nun das, was vormals außerhalb des Kreises lag, akzeptabel, wenn nicht gar gewünscht – während heteropartnerschaftlicher Kuschelsex bis weit in den Mainstream hinein oftmals als langweilig, brav, reaktionär gilt. Ein Beispiel hierfür ist das sogenannte *Vanilla-shaming*: In sozialen Netzwerken wie TikTok greifen junge Menschen Userinnen im Namen der Sexpositivität dafür an, zu *vanilla* zu sein, also: zärtlichen Sex gegenüber Kink-Sex zu bevorzugen. »*Vanilla* ist das neue Frigide«, sagte eine Neunzehnjährige aus Großbritannien gegenüber der Zeitschrift *i-D*.[88] Sie hatte unter einem Video kommentiert, dass nicht gewürgt werden zu wollen nicht bedeute, dass man langweiligen Sex habe – und musste sich dafür etliche höhnische Kommentare anhören. Eine junge Frau, die nicht *kinky* ist, gilt dieser Logik zufolge schlicht als prüde.

Sollte das Ziel von sexueller Befreiung aber nicht sein, dass wir mit solchen Hierarchien brechen? Dass wir Sexualität eben nicht in *aufregend* und *langweilig* aufteilen? Dass unsere Vorstellungen von befreiter Sexualität mannigfaltige Formen annehmen – und dementsprechend alles von glücklichem Zölibat über sexuelle Gelassenheit bis zur polyamoren Kinkparty bedeuten könnten, die natürlich allen Geschlechtern gleichermaßen offenstehen?

Denn sexuelle Aktivität wird weiterhin je nach Geschlecht unterschiedlich eingeordnet. Während sie bei Männern als biologisch bedingt und »natürlich« betrachtet wird, unterstellt man Frauen stets implizit eine Agenda, wie die britische Philosophin Katherine Angel anhand des US-amerikanischen Klassifikationssystems für psychische Krankheiten, des *Diagnostic and Statistical Manual of Mental Disorders*, veranschaulicht:

Während in der Beschreibung von sexuellen Störungen bei Männern von *desire*, also Lust, die Rede ist, geht es bei den weiblichen Pendants lediglich um *interest*, also Interesse.[89] Angel schlussfolgert, dass »der sexuelle Einsatz einer Frau als eher kognitiv angesehen wird, während der eines Mannes eher libidinös besetzt ist. Frauen *erwägen* Sex, während Männer ihn *wollen*. Das weibliche Bedürfnis nach Sex ist, nun ja, weniger sexuell«.[90] Sexualität wäre demnach nichts, was Frauen natürlicherweise innewohnt, so wie sie Männern – zumindest der gängigen Überzeugung zufolge – evolutionär bedingt eigen ist. Stattdessen wäre Sex für Frauen ein externes Gebiet, das sie betreten, um andere Bedürfnisse zu stillen, etwa die nach Intimität, Anerkennung oder Fortpflanzung.

Die *süße* Frau *will* also zwar Sex – aber verhandelt, so raunt dieser bis in psychiatrische Kategorien fundierte Mythos, dabei stets andere Bedürfnisse mit. Die Antwort auf die Freud'sche Frage *Was will das Weib?* kann auch heute offenbar nicht einfach nur mit *Sex* beantwortet werden. Nein, irgendein anderes Motiv gibt es bestimmt.

Trotz all dieser Phantasmen, all der Skripte und vermeintlichen Motive, die die Unterschiedlichkeit von Männern und Frauen in einer ununterbrochenen Performance immer weiter zementieren, geht das Zustimmungsprinzip von »Ja heißt Ja« davon aus, dass universell alle Menschen gleichermaßen die Rahmensetzungen durch aufrichtige Kommunikation unterwandern könnten – und verneint, dass sie radikal durch soziale Normen geprägt sind. Die Idee von sexuellem Konsens ist trotz aller vermeintlicher Neutralität nach wie vor vergeschlechtlicht, wie auch die folgende Anekdote von Courtney Sender illustriert, einer Kolumnistin der *New York Times*: Mit dreißig Jahren begann sie eine Affäre mit einem vierundzwanzigjährigen Mann, den sie auf Tinder kennengelernt hatte. Die sechs

Jahre Altersunterschied zwischen ihnen, bemerkt Sender, habe sie vor allem daran wahrgenommen, dass er sie bei beinahe jeder sexuellen Handlung nach ihrem Einverständnis fragte. Als sie daraufhin begann, ihn ebenso nach Konsens zu fragen, reagierte ihr Gegenüber irritiert: »Ich bin derjenige, der dir etwas antun könnte, das du nicht möchtest«, sagte er. »Nicht andersherum.«[91]

»Ja heißt Ja« ist also in fundamentaler Weise nicht derart geschlechtsneutral, wie es auf den ersten Blick scheint. Indem das Zustimmungsprinzip von einer Person, die fragt, und einer Person, die antwortet, von einer Person, die initiiert, und einer Person, die reagiert, von einer starken und von einer schwachen Position ausgeht, werden binäre Rollenzuschreibungen fortgeschrieben. Innerhalb unserer Geschlechterordnung werden diese Rollen weiterhin geschlechtlich konnotiert bleiben, und das vor allem in heterosexuellen Begegnungen: Männer haben Bock, Frauen setzen Grenzen. Männer bitten um Erlaubnis, Frauen lassen gewähren. Weil die Parole »Ja heißt Ja« auf der Idee aufbaut, dass sich Menschen von sexuellen Erzählungen, Normen, Machtkonstellationen zueinander befreien könnten, etabliert sie letztlich ein äußerst vereinzelndes Ideal davon, wie Menschen einander begegnen können: Wenn ihr die Etikette von »Ja heißt Ja« beachtet und respektvoll miteinander umgeht, wird schon alles gut sein, wie auch immer ihr euch dabei und danach in Wahrheit fühlt.

Unser modernes Verständnis von Konsens, so beschreibt es die Kulturwissenschaftlerin Mithu Sanyal, stammt aus der Aufklärung – und basiert auf der Idee von Privateigentum: Die Bürgerinnen willigen demnach ein – sie geben ihren Konsens –, sich vom Staat regieren zu lassen, und im Gegenzug schützt der Staat ihren Besitz. Um eine Person zu sein, die ihre Einwilligung zu dieser Vereinbarung geben kann, musste man jedoch erst einmal als politisches Subjekt gelten, und von dieser Position waren beispielsweise Frauen, Angehörige subalterner Klassen und Sklavinnen traditionell ausgeschlossen.[92] »Konsens bedeutet nicht freier Wille«, schlussfolgert Sanyal, »sondern *freier Wille unter den gegebenen gesellschaftlichen Umständen.*«[93] Und diese gesellschaftlichen Umstände zeichnet eben leider nicht aus, dass alle Menschen gleiche Rechte, gleiche Freiheiten *und* gleiche Voraussetzungen genießen. Was selbstverständlich auch für unsere Sexualität gilt. Eine Vorstellung, die allein auf der Prämisse von Konsens aufbaut, individualisiert sexualpolitische Anliegen, indem sie alles auf den Anspruch perfekt geglückter Kommunikation verlagert. Sie macht sexuelle Selbstbestimmung so zu einer privaten Angelegenheit – und leugnet die realen, alles andere als privaten Machtverhältnisse.

Um nicht missverstanden zu werden: Ich finde Konsens und Kommunikation ausgesprochen wichtig. Zustimmung muss eine unabdingbare Voraussetzung für jegliche sexuelle Begegnung sein, nicht zuletzt im Angesicht der ständigen Möglichkeit sexualisierter Gewalt. Ich behaupte keineswegs, dass Belästigung, wie es manche Nostalgikerinnen alter Schule herbeisehnen, für den heterosexuellen Flirt »unerlässlich« sei[94] oder dass politische Korrektheit die Erotik ruiniere.[95] Mit meiner Kritik am Konsensprinzip behaupte ich umgekehrt etwas Drittes: dass Konsens selbstverständlich, aber weniger zentral sein sollte; eine notwendige, aber nicht hinreichende Bedingung für schönen Sex. Wenn die Figur der *süßen* Frau nach wie vor so präsent ist, wie ich in diesem Kapitel gezeigt habe, dann müssen wir infrage stellen, ob das schlichte Konzept ständiger Aushandlung von Erlaubnissen so viele Probleme löst, wie seine Verfechterinnen annehmen. Ich fürchte: Konsens als alleinige Antwort auf sexualpolitische Fragen ist eine liberale Fantasie, die jegliche Verantwortung ins Individuum verlagert.

Für juristische Verurteilungen hingegen ist längst überfällig, dass sich der Grundsatz »Ja heißt Ja« durchsetzt, so wie es das sogenannte Zustimmungsgesetz in Schweden seit 2018 und in Dänemark seit 2021 regelt. Das bedeutet: Jede sexuelle Handlung, der nicht mit Worten oder Gesten zugestimmt wurde, kann als »unachtsame Vergewaltigung« verurteilt werden. Die Beweislast liegt damit nicht länger bei der anklagenden Person, die bis dahin vor Gericht erklären musste, warum sie sich nicht aktiver wehrte – sondern bei der angeklagten Person, die ausführen muss, worin genau sie die Zustimmung ihres Gegenübers ausfindig zu machen glaubte.[96] Der größte Effekt dieses neuen Gesetzes ist vermutlich seine Symbolwirkung, die bereits jetzt die schwedische Sexualaufklärung, die Datingkultur und die Drehbücher individueller Intimität verändert – und womöglich auch die Existenz der *süßen* Frau modelliert, ihre Bedeutung vielleicht sogar verringert.

Aber sie wird, weder in Schweden und Dänemark noch anderswo, nicht über Nacht verschwinden. Was wir brauchen, sind mannigfaltige Gegenerzählungen, neue, verwirrende Skripte und Figuren im Kino, in der Literatur, im Pop, in Pornos. Parolen wie *Consent is sexy* reichen dafür nicht aus. Sie bewegen sich zu nah am (letztendlich *süßen*) postfeministischen Anspruch, dass sehr viel Sex sehr wichtig ist. Und was bedeutet die *Consent*-Parole auch genau? Erklärt *Consent is sexy* nicht den Weg zum Ziel – und verkehrt damit Zweck und Mittel? Ist konsensueller Sex denn überhaupt zwangsläufig immer gut?

Und weiter gefragt: Ist es eigentlich wirklich praktikabel und schön, eine Sexualität anzustreben, in der alle Beteiligten stets *genau* wissen, was sie wollen? Was ist denn, wenn man nicht *Ja*, aber auch nicht *Nein* sagen möchte? Kann das nicht etwas Schönes sein? Wo bleibt Raum für das *Vielleicht*, für Unsicherheiten und Ambivalenzen, die einer lustvollen Sexualität doch innewohnen? Sollten wir nicht lieber versuchen, uns Sexualitäten vorzustellen, die die Dichotomie einer starken und einer schwachen Position, einer fragenden und einer gewährenden, einer hungrigen und einer *süßen* überwinden können?

Wenn man sich vorstellt, dass Sex so etwas wie ein Gespräch ist, und diese Vorstellung ist gewiss kein bisschen neu, dann erscheinen manche Aspekte einfacher: Schon lange nicht mehr würde man beispielsweise behaupten, dass zwei Gesprächspartnerinnen jemals in einem völlig freien Raum, einem wahrhaft herrschaftsfreien Diskurs aufeinandertreffen. Man würde vielmehr annehmen, dass beide von Erfahrungen, sozialen Normen, Erwartungen und Machtstrukturen geprägt sind, derer sie sich nur zu einem Teil bewusst sind. Man würde nun sagen, dass ein Gespräch zweier solcher Personen, in dem eine von ihnen alle Fragen stellt und die andere darauf lediglich mit *Ja* und *Nein* antwortet, kein wirklich zufriedenstellendes Gespräch sein wird. Aber auch ein Gespräch, in dem beide Personen einander abwechselnd Fragen stellen und sie mit *Ja* und *Nein* beantwortet bekommen, wäre noch kein interessantes. Und ebenso undenkbar wäre eine fruchtbare Diskussion, wenn beide Parts bereits von Anfang an *genau* wissen, was sie von ihr erwarten.

Jegliche Kommunikation, jegliche Begegnung, auch jeglicher Sex, lebt eben von etwas, das über die Einzelnen hinausgeht. In den Sozialwissenschaften und der Psychoanalyse wird von *Intersubjektivität* gesprochen: Gelungene zwischenmenschliche Begegnungen kommen zustande, wenn sich Menschen aufeinander einlassen und das Dritte, das entsteht, gemeinsam gestalten. Für die US-amerikanische Autorin Ursula K. Le Guin war ein passendes Bild für Intersubjektivität die Art und Weise, in der Amöben miteinander Sex haben. Um sich fortzupflanzen, zieht sich eine Amöbe normalerweise einfach zurück und teilt sich in zwei Amöben. Bestimmte Bedingungen jedoch können sie darauf hinweisen, dass genetischer Austausch einen evolutionären Vorteil bringen würde. Dann tun sich zwei Amöben zusammen, um ihre Plasmaausstülpungen, sogenannte Pseudopodien, zu einer kleinen Röhre zu verschmelzen. Mittels dieser Röhre, die aus ihren eigenen Körpern entstanden ist, übertragen die beiden Amöben genetische Informationen. So verbleiben sie dann eine Weile, im gegenseitigen gleichzeitigen Austausch ihres Erbmaterials.[97]

Warum sie ihre Vorstellung von Intersubjektivität nicht mit menschlichem Sex verband, begründete Ursula K. Le Guin trocken damit, dass der Austausch bei Hetero-Sex stets nur einseitig sei: Er sei viel eher eine Lesung denn ein Gespräch. Eine Person sendet, die andere empfängt. Sex zwischen Amöben beruhe dagegen auf wirklicher vollkommener Gegenseitigkeit, schließlich hätten die Beteiligten weder ein Geschlecht noch Hierarchien untereinander.[98]

Le Guin veröffentlichte diesen Text 2004, als sie schon über siebzig war – und sicherlich unter dem Eindruck eines Feminismus stand, der Heterosexualität grundsätzlich als einseitiges Unterdrückungsverhältnis problematisierte. Heute, da sich inzwischen selbst heterosexuelle Menschen als queer verorten, scheint Le Guins Auffassung von Heterosexualität in vielem antiquiert. Doch ihre Vision von Sex als amöbenhaftem Sex kann uns auch heute als Idee dienen, wie sich intime Begegnungen denken lassen.

Wobei natürlich gilt: Menschen sind keine Amöben. Zwischen ihnen bestehen Machtverhältnisse, die beispielsweise zum Ausdruck kommen, wenn Fleabag eifrig mitturnt, offenbar ohne sich zu fragen, wie es um ihre eigene Lust steht, oder wenn Margot in *Cat Person* einem wesentlich älteren Mann so sehr gefallen möchte, dass sie mit ihm klaglos Sex gegen ihren eigenen Willen hat. Und die natürlich immer wieder auch weit weniger subtil als in diesen Beispielen zum Ausdruck kommen, etwa wenn Arabella in der international gefeierten HBO-Serie *I May Destroy You* feststellen muss, dass der Typ, mit dem sie eben Sex hatte, heimlich das Kondom abgezogen hat, wenn die achtzehnjährige Annie in Annie Ernaux' Roman *Erinnerung eines Mädchens* in einer Ferienkolonie für ihr frisch entdecktes Begehren kollektiv gedemütigt wird, wenn die Journalistin Golshan Fahmide berichtet, wie ihre Dates oft mit heimlichem Stolz verkünden, sie würden »dunkle« Frauen nun einmal gegenüber blonden bevorzugen[99], oder wenn sich Jules als junge trans Frau in der Serie *Euphoria* auf einer Dating-Plattform in jemanden verliebt, um wenig später von genau dieser Person mit Nacktbildern erpresst zu werden.

Auch wenn diese Machtstrukturen vorerst bestehen bleiben werden, benötigen wir andere Vorstellungen von Sex, die von einer gemeinsamen Suche ausgehen statt einem zielgerichteten Finden, von einem Dialog statt einem Interview, von einem intimen Backstage statt einer Performance. Um eine utopisch intersubjektive, amöbenhafte Stufe der Sexualität zumindest näherungsweise zu erreichen, brauchen wir noch viele weitere Darstellungen von Lust und Begehren. Sexualität, so formuliert es der Philosoph Paul B. Preciado, sei »ein politisches Theater, in dem das Begehren und nicht die Anatomie die Rollen verteilt«.[100] Doch selbst die Skripte der progressivsten Popkultur verbleiben oftmals auf heteronormativem Boden. Sex ohne Penetration heißt in keimfreien Frauenzeitschriften nicht umsonst noch immer *Vorspiel*, und genau dieser Logik folgen Freundinnen, die am Tag darauf neugierig nachfragen: Hattet ihr denn, Zwinkersmiley, *richtigen* Sex?

Selbst der bewusste Versuch der Umkehr dieser Logik erweist sich als schwierig, wie etwa das britische Projekt *The Clit Test* zeigt: Aufbauend auf der Beobachtung, dass penetrativer Sex viele Menschen nicht zum Orgasmus bringt, untersuchen die Initiatorinnen seit einigen Jahren Serien, Filme, Songs und Romane darauf, wie sehr die Klitoris in Sexszenen involviert ist – und vergeben die Bewertungen *Pass* (Bestehen) und *Fail* (Scheitern). *Fleabag* beispielsweise besteht, *WAP* besteht ebenfalls, *Sex Education* fällt durch (lediglich die Passage, in der Aimee ihre Masturbationsskills entdeckt, besteht als Einzelszene).[101] *Richtiger* Sex ist hier solcher, der sich möglichst weit von der gängigen Pornhub-Dramaturgie entfernt.

Als ich das erste Mal auf *The Clit Test* stieß, gefiel mir die Idee, die Darstellung von Sex nach dem so simplen wie vernachlässigten Klit-Kriterium zu beurteilen. Aber wo es ein Richtig gibt, gibt es auch ein Falsch, und wo es ein Falsch gibt, gibt es die Möglichkeit zu scheitern. Das erzeugt Druck, egal, was nun als erstrebenswert gilt und was nicht – und wird immer dazu führen, dass Menschen ausgeschlossen werden. Nicht alle Frauen haben schließlich eine Klitoris, nicht für alle Menschen ist Sexualität der zentrale Aspekt intimer Begegnungen, nicht alle Menschen streben immer einen Orgasmus an. Warum also nicht gleich das Scheitern zum Ziel erklären? Wo sind die Sexszenen, in denen mittendrin die Lust vergeht, niemand zum Orgasmus kommt, aus Penetration plötzlich Kuscheln wird? Wenn wir anerkennen, dass Sexualität immer bedeuten wird, Ansprüchen, Idealen und How-Tos nicht gerecht werden zu können, sind wir freier, als wenn wir immer wieder nur neue Normen postulieren.

Scheitern, so wird uns beigebracht, bedeutet individuelles Versagen. Scheitern tut man meist allein: Man hat es eben nicht vermocht, sich auf die Seite der Erfolgreichen zu schlagen, auf die Seite der Glücklichen, Konformen, Potenten, Vermögenden, Normschönen, Drehbuchsexperformenden. Als Einzelprojekt führt Scheitern oft ins Unglück – als gemeinsames Vorhaben dagegen birgt es das Potenzial, widerständig und beglückend zu sein. »Unter bestimmten Umständen«, schreibt der Queertheoretiker Jack Halberstam, »kann Scheitern, Verlieren, Vergessen, Nicht-Machen, Nicht-Tun, Nicht-Werden, Nicht-Wissen dazu führen, kreativere, kooperativere, überraschende Wege zu finden, um sich in der Welt zu bewegen.«[102] Wer scheitert, muss improvisieren, muss etwas anders machen. Was nicht Scheitern als *Chance* mit seiner möglichen Erfolgsdoktrin meint, sondern vielmehr stetiges, selbstbewusstes Scheitern an all den gesellschaftlichen Normen, denen wir ohnehin nicht gerecht werden können und denen wir auch nicht gerecht werden wollen sollten, wenn es um unsere intimste Sphäre geht: *There is no such thing as proper sex.*

Im Jahr 1978 hielt die Schwarze Dichterin und Aktivistin Audre Lorde einen Vortrag mit dem Titel *Uses of the Erotic* (*Vom Nutzen der Erotik*). Im Deutschen erinnert der Begriff »Erotik« mich eher an lüsterne Fantasien der Boomergeneration, aber das muss man ignorieren, wenn Lorde über eine Erotik spricht, die eng mit einem schöpferischen Willen verknüpft ist: »Für mich ist es kein Unterschied, ob ich ein gutes Gedicht schreibe oder eng umschlungen mit einer geliebten Frau der Sonne entgegengehe.«[103]

Die Erfahrung dieser Kraft, die im Miteinander, in der Arbeit, in der Muße oder eben in der Sexualität entstehe, könne, so Lorde, ein allgemeines Widerstandsbewusstsein freisetzen: Wer einmal intensiv gefühlt habe, werde sich nicht mehr mit dem Bequemen, dem Konventionellen, dem Sicheren, dem Normativen zufriedengeben. »Wenn wir unsere innersten Gefühle zu erkennen beginnen, können wir uns notwendig nicht mehr mit Leiden und Selbstverleugnung begnügen – oder mit jener Abstumpfung, die in unserer Gesellschaft so oft die einzige Alternative dazu zu sein scheint«, schrieb Lorde. »Unser Handeln gegen die Unterdrückung wird selbstbestimmt, von innen her motiviert und machtvoll. Die Berührung mit der Macht der Erotik macht mich weniger willens, Ohnmacht oder jene anderen demütigenden und für mich unnatürlichen Zustände wie Resignation, Verzweiflung, Selbstzurücknahme, Depression und Selbstverleugnung zu akzeptieren.«[104]

Mit der potenzfeministischen Aufforderung, sich einfach nur für eine befriedigende Sexualität zu *entscheiden,* haben diese Gedanken nichts zu tun. Lorde begriff Sexualität als einen Raum, der uns spüren lassen kann, wie ohnmächtig wir in anderen Zusammenhängen sind, etwa wenn wir unsere Arbeitskraft verkaufen oder Gewalt und Diskriminierung ausgesetzt sind. Indem wir in der Sexualität selbstbestimmte, zugewandte Erfahrungen sammeln, und hoffentlich auch Erfahrungen gemeinsamen Scheiterns an normierten Vorstellungen, könnten wir Kraft sammeln, um uns an den weniger schönen Schauplätzen unseres Lebens zu widersetzen. Und das ist dann eine von vielen möglichen Antworten auf die Frage, wie man sich von all den Skripten, die uns sexuell beschränken, zu lösen vermag: Sex als etwas zu begreifen, das unsere Beziehung zur Welt grundlegend verändern kann. Nicht länger *süß* zu sein, nicht länger das Begehren anderer ernster zu nehmen als das eigene, kann so einen Schritt zu einem selbstbestimmteren Leben darstellen.

ZART

Wir lieben an einem jungen Frauenzimmer ganz andere Dinge als den Verstand. Wir lieben an ihr das Schöne, das Jugendliche, das Neckische, das Zutrauliche, den Charakter, ihre Fehler, ihre Capricen, und Gott weiß was alles Unaussprechliche sonst; aber wir lieben nicht ihren Verstand.
JOHANN WOLFGANG VON GOETHE (1824)[1]

es war das prägende Element von Megans früher Kindheit, nichts zu tun oder zu sagen, einfach nur süß zu sein – ein Zweck an sich
BERNARDINE EVARISTO (2019): MÄDCHEN, FRAU ETC.[2]

Holly Golightly liebte ich vom ersten Moment an. Ich war zehn Jahre alt, als meine Mutter den Film *Breakfast at Tiffany's* aus der Bibliothek auslieh, wir uns feierlich auf dem Sofa niederließen und einen Sonntagnachmittag im New York der frühen sechziger Jahre verbrachten.

Natürlich begriff ich die Handlung nur sporadisch: Ich verstand weder, dass Holly Golightly der Mafia zuarbeitet, indem sie chiffrierte Wetterberichte ins Hochsicherheitsgefängnis Sing Sing überliefert (das ist ihr noch nicht einmal selbst klar), noch, dass sie ihr Geld als Escort-Girl verdient (oder als Sexarbeiterin, das lässt der Film bewusst offen). Aber ich liebte Holly, die mit ihren großen Klimperaugen stets etwas fragend über den Rand ihrer dunklen Sonnenbrille in die Welt blickt, die ihre depressiven Stimmungen damit bekämpft, sich morgens im Glanz der Schaufensterauslage von Tiffany's zu sonnen, und die meist eine ganze Entourage von Männern um sich herum hat, die ihr liebend gern zu Hilfe eilen oder sie trösten möchten, wenn sie traurig ist. Ich liebte ihre Naivität und ihren nichtsahnenden Charme. Bei Holly war alles *lightly*.

Obwohl Holly für eine Erzählung aus dem Jahr 1956 einen durchaus emanzipatorischen Lifestyle pflegt – sie lebt allein und verdient ihr Geld selbst –, ist sie auch: nervtötend kokett, psychisch labil, von Männern abhängig, absolut unzurechnungsfähig und in lebenspraktischen Fragen völlig ahnungslos. Sie ist der Prototyp der *zarten* Frau. »Ein Mädchen, das niemandem helfen kann, nicht einmal sich selbst«, beschreibt ihr Nachbar Paul sie.

Einige Jahre später las ich Truman Capotes Novelle *Breakfast at Tiffany's*, die dem Film als Vorlage gedient hatte, und noch mal einige Jahre später begegnete mir in meinem Literaturstudium die *femme fragile*: eine Figur des am Anfang dieses Buches beschriebenen »Panoptikums«, das unsere Fantasien rund um Weiblichkeit beherrscht. Und wieder einige Jahre später begriff ich, dass meine Verehrung von Holly Golightly auf den Charakteristika der *femme fragile* beruht hatte.

Die Figur der *femme fragile*, dieses anmutig schwächlichen, ätherischen Frauentyps mit radikal ungefährlicher Aura, sank um 1900 entrückt lächelnd in die europäische Literatur und Malerei hinein. Industrialisierung, Wertewandel, soziale Mobilität, all die nervöse Unruhe um die Jahrhundertwende herum beförderten ein allgemeines Krisengefühl, das alles gleichermaßen instabil erscheinen ließ. In diesem Moment gesamtgesellschaftlicher Verunsicherung imaginierten sich Autoren und Maler wie Arthur Schnitzler, Gustav Klimt oder Egon Schiele sehnsüchtig einen Typus, der die vermeintliche geistige und körperliche Unterlegenheit von Frauen zementierte. Pascal Dagnan-Bouverets Gemälde *Ophelia* von 1900 etwa zeigt eine kränklich dreinschauende Frau, deren strahlend weißes Kleid sich farblich kaum von ihrem Teint unterscheidet. Blässlich, kindlich, schutzbedürftig ist diese *femme fragile* – und, alles andere wäre im damaligen europäischen Diskurs undenkbar gewesen, *weiß*. Inmitten aller Krisenhaftigkeit ermöglichte sie eine Behauptung männlicher Überlegenheit. Dass die Betonung von weiblicher Passivität auf einmal derart wichtig erschien, ist auch als Gegenreaktion auf die erstarkende feministische Emanzipationsbewegung zu verstehen.[3]

Das alles wusste ich mit zehn Jahren natürlich nicht, und es wäre mir auch egal gewesen. Ich war einfach nur fasziniert von Holly, wollte auf ebenso unbekümmerte Art verloren in der Welt sein – begehrt, beschmückt, bezaubernd. Ich fantasierte mich in ein sorgloses Dasein an der Upper East Side hinein, in dem ich von jedem Ernst des Lebens verschont bliebe, eine Fortsetzung frühkindlicher Prinzessinnenträume. Asterix, Prinz Eisenherz und Ronja Räubertochter, die ich zwischendurch verehrt hatte, waren wie vergessen. In der Figur Holly versteckte sich für mich der Code für ein erstrebenswertes Dasein als Erwachsene.

In diesem dritten Kapitel geht es um die Figur der *zarten* Frau. Die *zarte* Frau ist eine Hälfte, ein Schatten, ein Komplement, harmlos, abhängig, unschuldig, lieblich – Attribute, mit denen sich heute kaum jemand schmücken möchte und die aus einer anderen Epoche zu stammen scheinen. Was sie auch tun. Die *zarte* Frau stammt aus einer alten Institution der bürgerlichen Gesellschaft, die wir alle überaus gut kennen, obwohl sie paradoxerweise zugleich vielen Menschen längst nicht mehr sonderlich bedeutsam erscheint: der heterosexuellen, patriarchalen Ehe zwischen einem Mann und einer Frau, in der die Rollenverteilung irgendwann einmal ausgesprochen klar war oder zumindest so erschien. Die Idee der heterosexuellen Ehe beruhte bis ins 20. Jahrhundert hinein auf einem binären Denken, das das Leben nicht nur ökonomisch, sondern auch symbolisch in eine Sphäre der Emotionalität und eine des Verstands, in eine Sphäre des Privaten und eine der Öffentlichkeit teilte. Und dieses Denken hat mehr Spuren hinterlassen, als es auf den ersten Blick scheint.

Zartheit kann, wie im Fall der *femme fragile*, vor allem eine Zuschreibung von außen darstellen. Aber sie kann ebenso tief eingeschrieben in weibliche Subjektivitäten sein, kann also aktiv von Frauen gelebt und verkörpert werden – und dabei nicht zuletzt auch eine bewusste Geste der Selbstverteidigung sein, eine Verhaltensweise, die Frauen als ewig unschuldige Wesen tarnt. Um diese drei Facetten, *internalisierte Zartheit, zugeschriebene Zartheit* und *strategische Zartheit*, wird es auf den folgenden Seiten gehen. Mit allen drei ist Holly Golightlys ikonischer Blick über die Ränder ihrer Sonnenbrille hinweg aufgeladen.

Eine andere Stadt, ein anderes Jahrhundert. Im Pandemiejahr 2020 ist *Emily in Paris* eine der beliebtesten Netflix-Serien weltweit. Hauptfigur Emily Cooper ist die spätkapitalistisch abgerichtete Version einer Holly Golightly: Als ehrgeiziges Twenty-something macht sie Karriere bei einem US-Marketing-Unternehmen, das sie für ein Jahr nach Paris schickt, um dort die Tochterfirma zu unterstützen. *Laissez-faire* ist Emily ein Fremdwort, stattdessen plant sie übereifrig Social-Media-Kampagnen – und fällt mit dieser wenig legeren Attitüde in der Pariser Bourgeoisie mal mehr, mal weniger unangenehm auf. Über die matte Klischeehaftigkeit der Serie (alle Französinnen rauchen, gehen fremd und gönnen sich in der Mittagspause mehrstündige Restaurantbesuche) muss man gar nicht erst sprechen. Die Handlung ist vorhersehbar, die Erzählweise absolut konventionell – und trotzdem erreichte *Emily in Paris* inmitten einer sich global ausbreitenden Seuche ein offenbar nach pastellfarbenen Postkarten-Bildern lechzendes Publikum, das nun ausreichend Zeit hatte, sich lieblos geschriebene Serien anzusehen.

Genau wie Holly fängt Emily ein Techtelmechtel mit ihrem gutaussehenden Nachbarn an, genau wie Holly liebt sie von Bobo-Bars bis Happenings alles, was zum Upper-Class-Lifestyle dazugehört – und weiß diese Leidenschaft geschickt auf Instagram zu vermarkten. Es wirkt, als habe man ihrer Figur in Abgrenzung zum Tiffany's-Kosmos zwar ein paar emanzipatorische Zugeständnisse gemacht: Emily verfügt über popfeministisches Basiswissen, kann übergriffige Avancen leichthin abmoderieren und geht ihrem Beruf mit beängstigendem Elan nach. Ganz im potenzfeministischen Sinne *weiß sie, was sie will.* Ansonsten aber verharrt sie ungebrochen in der alten Schablone des naiven Girls, das mit großen Augen durch die Oberklassenfantasie eines von Armut und sozialen Unruhen bereinigten Paris flaniert und sich nur allzu leicht von Männern, Mode und Montmartre beeindrucken lässt.

In ihrer unbeholfenen Art stolpert Emily entweder versehentlich in die Wohnung ihres begehrten Nachbarn, die sie regelmäßig für ihre eigene hält, oder in diverse Problemlagen, doch dank ihres bestechenden Charmes muss sie nie lange warten, bis ihr irgendein männliches Wesen zur Hilfe eilt. Nahezu jeder Mann, dem Emily begegnet, ist innerhalb weniger Sekunden betört bis verliebt, vom Semiotikprofessor bis zum Erben eines Haute-Couture-Unternehmens. Stets ruht der mal schmachtende, mal paternalistisch fürsorgliche Blick eines einflussreichen, meist wesentlich älteren Parisers auf ihr, und dass sie kaum ein Wort Französisch spricht, hindert sie weder auf ihrem Weg in die Pariser Herzen noch auf ihrem Weg zum Erfolg: Am Ende der ersten Staffel ist Emily zur stadtbekannten Marketing-Expertin und Influencerin avanciert. Und hat vor allem, wie es sich für jedes patriarchale Märchen ziemt, auch noch ihren Prinzen gefunden.

Bei Frauenfiguren im Kino ist oft vom *männlichen Blick* die Rede, dem *male gaze,* der Schauspielerinnen in mehr oder weniger sexualisierter Weise als Objekte männlichen Schaugenusses und Vergnügens darstellt.[4] Weil dieses Konzept aber nur einen von vielen Aspekten patriarchaler Wahrnehmung benennt, möchte ich es um einen anderen Blick ergänzen: den *girlifizierenden Blick,* der Frauen nicht einfach allgemein als Objekte von Männern kennzeichnet – sondern als *Objekte männlicher Überlegenheit,* als nie wirklich Mündige, als ewige Girls in einer Welt, in der Girls nicht viel zu sagen haben. Der girlifizierende Blick verwandelt Frauen in *zarte* Wesen: Indem etwa Emily Cooper in *Emily in Paris* permanent anerkennend von Männern angeglotzt wird, erleben wir sie als niemals eigenständige Person, sondern als von männlicher Anerkennung abhängiges, ja, vielmehr noch: überhaupt erst ermöglichtes, ratifiziertes Wesen.

Der girlifizierende Blick kann Frauen *widerfahren,* zum Beispiel in seiner spöttischen Variante durch einen Baumarktmitarbeiter oder Universitätsprofessor. Oder aber er kann etwas sein, das Frauen *verinnerlicht* haben: wenn sie sich selbst mit paternalistischen Augen betrachten und beispielsweise glauben, es sei eine außergewöhnliche Leistung, die Stauchkopfnägel für den Druckluft-Nagler aus dem Baumarktregal selbst herauszusuchen, oder angesichts von akademischem Mackertum leise werden. Da dieser girlifizierende Blick, ob *zugeschrieben* oder *internalisiert,* am rabiatesten innerhalb der stabilen patriarchalen Schranken funktioniert, wird es in diesem Kapitel um Heterosexualität gehen – nicht so sehr aus Interesse an der sexuellen Orientierung, sondern aus Interesse an jenem »politischen Regime, das auf der Unterwerfung und Aneignung von

Frauen beruht«, wie es die feministische Theoretikerin Monique Wittig in den neunziger Jahren formulierte.[5] Die *zarte* Frau, zart gemacht durch das sie bestimmende Patriarchat, wird erst so richtig sichtbar in heterosexueller, binärer Rahmung.

FREUNDIN 1 holt immer wieder diese Angst ein, nichts zu können, nichts zu wissen, nichts gelernt zu haben. Regelmäßig, klagt sie, verzweifle sie an diesem Gefühl.

FREUNDIN 2 erzählt, dass sie sich selbst verbiete, vermeintlich mädchenhafte Dinge zu tun, und dass sie anderen »fast manisch« die Tür aufhalte.

FREUNDIN 3 erzählt, dass sie zwar lieber mit Frauen schlafe, Sex mit Männern aber irgendwie leichter sei.

FREUNDIN 4 erzählt von einem Abend mit einem Mann, der beim zweiten Bier sagte: »Ich mag es nicht, wenn Frauen intelligenter sind als ich.« Sie fragt sich noch heute, warum sie in diesem Moment nicht aufstand und ging.

FREUNDIN 5 würde es zwar niemals öffentlich zugeben, sagt sie, aber: Sie würde es nur schwer aushalten, wenn sie erfolgreicher wäre als ihr Freund.

Momente wie diese kenne auch ich aus meinem Alltag. Sie sind Beispiele dafür, wie intensiv unsere Kultur mit der Figur der *zarten* Frau befasst ist, und sei es wie bei Freundin 2 in Abwehr dagegen. So disparat die Erzählungen auf den ersten Blick auch scheinen: Sie alle teilen den impliziten Irrglauben an eine männliche Überlegenheit. Doch woher rührt dieser Glaube überhaupt?

Im ersten Kapitel habe ich von der vergeschlechtlichten Arbeitsteilung gesprochen, die mit dem Ende der feudalen Agrargesellschaft einsetzte: Frauen waren, zumindest in bestimmten gesellschaftlichen Klassen, für die *sanfte* Sphäre von Haushalt und Kindern zuständig, während ihre Männer der Lohnarbeit nachgingen. Von der Welt der Öffentlichkeit, der Politik, der

Wirtschaft und der höheren Bildung waren Frauen damit ausgeschlossen – ein Umstand, der sich im Zeitalter der europäischen Aufklärung jedoch nur schwer rechtfertigen ließ. Warum galten Menschenrechte, wie sie etwa die Französische Revolution 1789 auf die Tagesordnung setzte, lediglich für Männer mit Einkommen? Warum waren Frauen (und andere Subalterne) keine Staatsbürgerinnen? Es musste eine Legitimation her.

In der bürgerlichen Gesellschaft kam es, so formuliert es die Historikerin Ute Frevert für Deutschland, zu einem bis dahin nicht gekannten »gravierenden Machtgefälle« zwischen den Geschlechtern.[6] Während im 19. Jahrhundert allgemein verbriefte politische Rechte der sozialen Klassen immer stärker zu Individualrechten wurden, diese Individualrechte aber lediglich für Männer der oberen Klassen galten, erlangte die Kategorie Geschlecht auf einmal eine Bedeutung, die ihr in dieser Form zuvor niemals zugekommen war. Zwar waren nicht alle Männer automatisch Bürger, doch während beispielsweise ein Tagelöhner zumindest theoretisch die Möglichkeit hatte, in die bürgerliche Klasse aufzusteigen, waren Frauen, egal welche soziale Position sie ansonsten innehatten, weitgehend von der bürgerlichen Gesellschaft ausgeschlossen.[7]

Das unsere Gesellschaft in Männer und Frauen spaltende binäre System hatte natürlich schon viel länger Bestand. Bereits in antiken und christlichen Überlieferungen galten Frauen als minderwertig. Bis zur Aufklärung um 1700 hatte man Geschlechter jedoch ein Stück weit fluider verstanden, als es die dann einsetzende Verwissenschaftlichung und immer weiter reichende Spezifizierung der Welt und ihrer Phänomene erlaubte: Menschen konnten zuvor durchaus zwischen Geschlechterrollen changieren, da die Grenzen zwischen dem, was man später dogmatisch als Männer oder aber Frauen definierte, als instabiler wahrgenommen wurden.[8] Catalina de Erauso etwa, Ende des 16. Jahrhunderts in Spanien geboren, beteiligte sich unter dem Namen Antonio de Erauso an der kolonialistischen Aggression gegen das indigene Volk der Mapuche im heutigen Chile – und erhielt, nachdem er gegenüber einem Bischof gestanden hatte, biologisch eine Frau zu sein, vom Papst persönlich die Erlaubnis, weiterhin Männerkleidung zu tragen.[9]

Dieses relativ flexible Verständnis von Geschlecht veränderte sich unter anderem, weil die Medizin Fortschritte in ihrem Verständnis vom weiblichen Körper machte. Das geschah allerdings zum Nachteil von Frauen. Indem man physiologische Unterschiede feststellte, waren fortan soziale Unterschiede vermeintlich naturwissenschaftlich begründet und ließen sich zementieren; eine Aufgabe, der sich Philosophen, Publizisten, Politiker und Rechtswissenschaftler im 18. und 19. Jahrhundert obsessiv widmeten.

Frauen, so waren sich die Herren der Aufklärung größtenteils einig, seien für die politische Sphäre zu emotional, zu politisch ungebildet und ohnehin nicht in der Lage, logisch zu denken.[10] Immanuel Kant etwa, der für den Bürgerstatus die (später tatsächlich geltende) Idee zur Bedingung erhob, zum einen ökonomisch unabhängig und zum anderen männlich zu sein[11], lobte in seinen *Beobachtungen über das Gefühl des Schönen und Erhabenen* 1764 die »muntere Naivetät« der Frauen.[12] Ihr Talent sei »nicht Vernünfteln, sondern Empfinden«.[13] Sein Zeitgenosse Jean-Jacques Rousseau hatte kurz zuvor in seinem pädagogischen Roman *Émile oder Über die Erziehung* von den »zarten Muskeln« gesprochen, die es Frauen unmöglich machten, »die geringste Last aufzuheben«, und das war sicherlich nicht nur physisch gemeint.[14]

Mit seinem Text entfachte Rousseau eine ausgesprochen kontroverse Diskussion über die Ordnung der Geschlechter –

ein großer Sprung für die traurige Geschichte des *Othering* von Frauen, wie es heutiges postmodernes Vokabular nennen würde. Der von Kant inspirierte, für das Denken des immer einflussreicheren Bürgertums wichtige Philosoph Johann Gottlieb Fichte setzte sich 1796 in seiner Abhandlung zur *Grundlage des Naturrechts* mit der Ehe auseinander, die er als Vereinigung zur Vollkommenheit begriff: Indem sich Natur (Frau) und Vernunft (Mann) miteinander zusammentäten, könnten sie sich als einander ergänzende Charaktere komplettieren.[15] Was Fichte als letztlich *intersubjektives* Ideal beschrieb, bedeutete real nichts anderes als die radikale Entrechtung der Frau: Sie sei »ihrem Gatten ganz unterworfen« und habe »keinen andern Willen [...], als den seinigen«[16], schließlich bestünde ihr einziges Bedürfnis darin, »zu lieben und geliebt zu sein«.[17]

Fichtes Bestimmungen waren ausgesprochen einflussreich für die Idee des bürgerlichen Zusammenlebens. War die Ehe zuvor eine Institution gewesen, in der Sexualität, Religion, Kindererziehung und gemeinsames Wirtschaften praktiziert wurden, verwandelte sie sich nun in einen kulturell höchst bedeutsamen Ort der Empfindsamkeit und liebevollen Verschmelzung.[18] Dieser neuen Auffassung der bürgerlichen Ehe zufolge war die Frau, was der Mann nicht war – naiv, empfindsam, bedürftig, infantil, unterworfen –, und war der Mann, was die Frau nicht war – vernunftgesteuert, aktiv, autonom, willensstark. Längst nicht alle Philosophen der Epoche Fichtes folgten seinen Ideen[19], und die Realität der meisten Ehen wird gewiss nicht derart puzzlemäßig komplementär ausgesehen haben, wie es die Imaginationen vorsahen.[20] Für die proletarische Bevölkerung, in der die geschlechtliche Arbeitsteilung nicht so strikt funktionieren konnte wie im Bürgertum, galten die lieblichen Ideen zur Ehe ohnehin weitaus weniger.[21] Trotzdem setzte sich die binäre Ideologie, der zufolge Männlichkeit und Weiblichkeit als kategorisch gegensätzliche Gegebenheiten galten, im 19. Jahrhundert immer weitgehender durch. Die *zarte* Frau war geboren.

Der auf diese Weise konstruierte Gegensatz zwischen Männern und Frauen spiegelte sich im Gegensatz von Besitzenden und Besitzlosen. Die Klassenspaltung der bürgerlichen Gesellschaft fand, so formuliert es Frevert, »ihre Parallele, ihre Vorläuferin, möglicherweise sogar ihre Triebfeder und Rechtfertigung in der politisch folgenreichen Ungleichheit der Geschlechter«.[22] Einfacher formuliert: Solange Frauen ganz selbstverständlich Männern untergeordnet waren, ließ sich die Unterordnung der proletarischen Klasse unter Bürgertum und Aristokratie rechtfertigen – und bestätigte das Prinzip, dass politische Rechte eben nicht allen zustanden.[23]

»Die Frau ist ein Eigentum, das man vertragsmäßig erwirbt«, schrieb der französische Schriftsteller Honoré de Balzac 1829 in seiner *Physiologie der Ehe*, »und zwar ein bewegliches Eigentum, denn der Besitz ist so gut wie der Besitztitel; kurz und gut, die Frau ist im eigentlichen Sinne des Wortes nur ein Anhängsel des Mannes.«[24] Die Frau, *Besitz* des Mannes: Das klingt heute ausgesprochen drastisch. Frauen waren natürlich kein Eigentum ihrer Ehemänner im wörtlichen Sinne, jedoch war ihre Situation durch Rechtlosigkeit, Abhängigkeit und Bevormundung gekennzeichnet.[25] Bis weit ins 20. Jahrhundert hinein hatten Männer machtvollen Zugriff auf das Leben ihrer Ehefrauen: In Deutschland konnten Frauen beispielsweise bis 1958 ohne Einwilligung ihres Ehemanns kein Konto eröffnen, bis 1977 ohne seine Erlaubnis keiner Lohnarbeit nachgehen – und erst seit 1997 ist Vergewaltigung in der Ehe strafbar.[26]

Gegensätzlichkeit und *Besitz*: Im 21. Jahrhundert klingt beides antiquiert. Haben wir derartige Ideen von Geschlecht nicht schon vor vielen Jahrzehnten überwunden? Unverheiratete

Frauen werden doch längst nicht mehr *Fräulein* genannt, heiratende Frauen behalten oft selbstverständlich ihre Nachnamen, und auch der Brauch, dass Väter ihre Töchter zum Altar geleiten, um sie symbolisch in den Besitz ihres Mannes zu transferieren, dürfte in vielen Ländern eine schwindende Fangemeinde haben. Doch nur weil offiziell keine Herrschaft mehr besteht, bedeutet das eben noch lange nicht, dass sie vollkommen aus den Köpfen verschwunden ist. Im Gegenteil, Herrschaft dauert auch dann an, wenn ihre rechtlichen Voraussetzungen längst nicht mehr existieren. Dieses Phänomen benennt die Philosophin Eva von Redecker, wenn sie, wie ich zu Beginn dieses Buchs geschildert habe, von *Phantombesitz* spricht. »Wie ein Schmerz an einer leeren Stelle, dort, wo früher ein Glied war, das man kontrollieren konnte, bleiben die gegenstandslosen Herrschaftsansprüche bestehen«, schreibt sie.[27] Und diesen Phantombesitz können sowohl diejenigen wahrnehmen, die einst auf der Seite der Herrschaft standen, als auch diejenigen, die ihr unterworfen waren. Im Falle der *zarten* Frau bedeutet das, einem Denken verhaftet zu sein, das noch immer den komplementären und besitzergreifenden Vorstellungen der bürgerlichen Moderne folgt. Ein Denken, das sich ausgesprochen gewaltsam ausdrücken kann – uns aber auch in den subtilen Momenten des Alltags weiterhin lenkt.

Ich sitze mit einer Freundin in einer Bar, neben uns seit wenigen Minuten ein Mann Mitte dreißig. Er und meine Freundin flirten miteinander, wobei er neunzig Prozent des Redeanteils übernimmt. Gerade berichtet er uns von seinem letzten Tauchausflug, bei dem er neben Haien geschwommen ist, ja, echten Haien, natürlich muss er uns das auf seinem Handy zeigen. Ich nippe an meinem Drink. Meine Freundin grinst mich von der Seite an. Ich weiß, dass wir dasselbe denken – mit dem Unterschied, dass sie angekündigt hat, heute Abend nicht allein nach Hause zu gehen. Wir gucken das Haivideo.

Der Typ erzählt von den Fidschi-Inseln, ich schalte ab und beobachte meine Freundin. Ihre Augen scheinen größer als gewöhnlich zu sein. Ihr Lidschlag ist Millisekunden länger, ihre Stimme irgendwie höher. Sie stellt Fragen, kichert, hört zu – sie spielt mit. Ich bin genervt, sie so zu sehen. Ich bin genervt, weil ich dieses Spiel von mir selbst kenne.

1929 veröffentlichte die britische Psychoanalytikerin Joan Riviere ihren berühmten Essay *Weiblichkeit als Maskerade*.[28] Riviere schildert darin die Verhaltensweise einer ihrer Patientinnen, die sie als einen »besonderen Typ von intellektueller Frau« beschreibt. Die Patientin führt ein für die damalige Zeit fortschrittliches Leben: Sie lebt in einer erfüllenden Liebesbeziehung mit einem Mann und geht einem Beruf nach, in dessen Rahmen sie oftmals Vorträge vor größerem Publikum hält.[29]

Obwohl Rivieres Patientin für ihre berufliche Tätigkeit viel Anerkennung bekommt, ist sie aber von Zweifeln geplagt, die sie nach jedem ihrer Vorträge überkommen. Riviere schildert, dass ihre Patientin zwanghaft nach Aufmerksamkeit suche, sobald sie die Bühne verlassen habe: »Grob gesagt, zeigt die Analyse ihres Verhaltens nach ihren Vorträgen, daß sie versuchte, sexuelle Annäherungsversuche [...] von Männern herauszufordern, indem sie mit ihnen mehr oder weniger unverhohlen flirtete und kokettierte.«[30] Riviere kommt zu der These, dass die Patientin durch ihr kokettes, sexualisiertes Verhalten ihre öffentliche Präsenz als beruflich erfolgreiche Frau und ihr selbstbewusstes Auftreten »wiedergutzumachen« versuche. In der Terminologie der damaligen Psychoanalyse klingt das so: »Es war der unbewußte Versuch, sich gegen die Angst zur Wehr zu setzen, die sich einstellte, weil sie nach der intellektuellen Leistung ihres Vortrags Vergeltungsmaßnahmen von seiten der Vaterfigur befürchtete. […] So zielte ihr zwanghaftes Verhalten nicht allein darauf ab, Bestätigung zu erlangen, indem sie in dem Mann freundliche Gefühle ihr gegenüber weckte; Ziel war hauptsächlich, ihre Sicherheit zu gewährleisten, indem sie sich als schuldlos und rein ausgab.«[31]

Diese Sätze sind fast hundert Jahre alt. Und doch glaube ich, dass sie viel über unsere Gegenwart verraten können. Das *schlechte Gewissen*, das bei weiblich sozialisierten Wesen eintritt, sobald sie Raum eingenommen haben, beobachte ich jedenfalls ständig – an mir selbst, an anderen –, und es ärgert mich jedes Mal. Sorry, dass ich jetzt so lange gesprochen habe – tut mir leid, das war gerade vielleicht – ich will hier niemandem seine Zeit rauben, sondern wollte nur kurz einwerfen, dass – ist es okay, wenn ich? Entschuldigen Sie bitte meine Existenz.

Wer *zart* geprägt ist, sucht stets Legitimation im Außen. Vor allem in Momenten, in denen wir verunsichert sind, etwa im normalen Arbeitsalltag, geben komplementäre Geschlechterstereotype weiterhin Halt. Ein feministisches Bewusstsein ist dabei noch lange kein Garant für selbstbewusstes Handeln. Bei mir selbst beobachte ich: Bin ich nervös, verhalte ich mich oftmals *zarter*, als mir lieb ist.

Während unsere Geschlechterordnung Männer dazu einlädt, zu reden, zu definieren, zu erklären, ins Wort zu fallen, bildet die stereotyp weibliche Rolle das Pendant dazu: zuhören, sich die Welt erklären lassen, sich unterbrechen lassen. Seit Jahren wird über diese Dynamik diskutiert – und doch passiert es mir immer wieder, dass mich selbst meine feministischsten Freunde, die so gern über ihre gebrochene Männlichkeit parlieren, mitten im Satz unterbrechen. Als sei es selbstverständlicher Bestandteil männlichen Daseins, einer Frau das Wort abzuschneiden, wann immer der nächste Geistesblitz durch den Kopf schießt.

Der Potenzfeminismus hat auf diesen Missstand längst Antworten gefunden: mehr weibliches Selbstbewusstsein, mehr männliche Zurückhaltung, Problem gelöst. Nun, beides wird sicherlich nicht schaden, aber den simplen Ruf nach mehr Ermächtigung halte ich dennoch für verkürzt: Er verleugnet Widersprüchlichkeiten und Prägungen. Interessanter scheinen mir zwei schlichte Fragen: *Warum* lassen sich so viele Frauen von Männern unterbrechen, die Welt erklären, volllabern? *Warum* passiert es immer wieder selbst den selbstsichersten Frauen, dass sie auf einmal zurückhaltender, dass sie *zart* erscheinen?

Die Philosophin Rahel Jaeggi hat für dieses Phänomen weiblicher Unterordnung den Typus der *kichernden Feministin* erfunden. In ihrer Studie über *Entfremdung* beschreibt sie das Auftreten von H., einer Bekannten, vielleicht Freundin, vielleicht auch fiktiven Person, und zeichnet sie als »überzeugte und reflektierte Feministin«. H. lehnt kokettes, mädchenhaftes Verhalten ab. »Dass Frauen sich als klein, niedlich und harmlos darstellen müssen, um anziehend zu wirken, hat sie als Projektion einer von Männern beherrschten Welt längst durchschaut.«[32] Und doch beobachtet sie sich selbst verwundert dabei, wie sie Männern gegenüber in ebenjene Verhaltensmuster zurückfällt, die ihr doch *eigentlich* fremd und suspekt sind. Ihr eigenes Kichern erscheint ihr, gemessen an ihren eigenen Maßstäben, als völlig unpassend.

H., »deren Identität zutiefst geprägt ist von ihren feministischen Überzeugungen«[33], befindet sich also in einem Konflikt mit sich selbst. Doch dieser Konflikt beinhaltet bei Jaeggi keinerlei bewusste Ambivalenz: H. hadert nicht mit der Entscheidung, ob sie nun eine selbstbewusste *oder* eine kichernde Performance hinlegen möchte, sondern sie ist sich vollkommen im Klaren über ihr feministisches Selbstverständnis. Es ist vielmehr, »als spräche mit dem Kichern etwas durch sie hindurch, das nicht sie selbst ist«.[34] Sie empfindet einen Wunsch, der ihr fremd, der nicht ihr eigentlicher ist: den Wunsch nach einem koketten, feminisierten Auftreten, das Schutzbedürftigkeit vermittelt. Vielleicht ist auch H., auf ganz andere Weise als die sich durchkapitalisiert durch Paris influencende Emily Cooper aus *Emily in Paris*, eine moderne Holly Golightly, die sich mehr als ein halbes Jahrhundert nach *Breakfast at Tiffany's* zwischen konservativen und progressiven Weiblichkeitsidealen zerrissen fühlt. Sie ist über sich selbst verwundert – ähnlich wie meine Freundin in der Bar, die sich gewöhnlich nicht gerade augenklimpernd von Haivideos beeindrucken lässt.

Um das Phänomen *internalisierter Zartheit* zu verstehen, ist es sinnvoller, den eigenen Anteil dieser Dynamik zu hinterfragen, als die Anklage allein auf die anderen zu verlagern. »Das Aufdecken uneigentlicher Wünsche hat [...] eine emanzipative Bedeutung«, schreibt Jaeggi, »wenn es denn in Prozessen von Emanzipation um mehr geht als um das Abwerfen von fremder Herrschaft und Unterdrückung, nämlich auch um die Emanzipation gegenüber jener fremden Macht, ›die wir selber sind‹.«[35] Macht ist eben nichts, was uns einfach von außen aufgestülpt wird. Macht ist vielmehr auch etwas, was Menschen verinnerlichen, das ihr Begehren und Handeln bestimmt, auf sie einwirkt, ihr Dasein prägt. Konkreter ausgedrückt: Das Kichern von H. erfolgt alles andere als auf Befehl. H. kichert aus eigener Motivation.

Aber wann ist diese moderne Holly denn nun mehr *sie selbst*: Wenn sie kichert? Oder wenn sie ihr eigenes Kichern ablehnt? Während eine Antifeministin des 21. Jahrhunderts wahrscheinlich behaupten würde, H. sei durch ideologisches Gender-Gaga indoktriniert worden und stünde ihrem natürlichen Frausein im Weg, würde eine gegenwärtige Feministin womöglich genau das Gegenteil vermuten: dass H. in ihrer Sozialisation zur Frau *zarte* Verhaltensweisen erlernt habe. Was stimmt?

Ohne davon auszugehen, dass es überhaupt so etwas wie ein authentisches Selbst gibt, in dem alles wie bei einem Sudoku perfekt aufgeht, lässt sich diese Frage zumindest ein Stück weit durch die Idee beantworten, dass moderne Menschen schlicht verschiedene Kategorien von *Wünschen* haben, *wer und wie sie sein könnten*. Der US-amerikanische Philosoph Harry Frankfurt, den Rahel Jaeggi ebenfalls zitiert, vertrat die Theorie, dass es Wünsche erster und zweiter Ordnung gebe: Während die Wünsche erster Ordnung die unreflektierten seien, die erst einmal einfach nur für sich stünden, bezögen sich Menschen mittels der Wünsche zweiter Ordnung auf ihre Wünsche erster Ordnung.[36] Um das an H. zu erklären: Einerseits scheint in ihr der Wunsch zu schlummern, ein *zartes*, kicherndes Wesen zu sein (Wunsch erster Ordnung) – doch andererseits lehnt H. diesen Wunsch streng ab, weil sie sich als Feministin verortet (Wunsch zweiter Ordnung).

Menschen mit feministischer Agenda kennen diese Diskrepanz zu sich selbst womöglich: Selbst denen, die wirklich gern *sanft* sind, ist all die Sorgearbeit irgendwann zu viel und politisch ohnehin suspekt. Diejenigen wiederum, die sich in der *süßen* Rolle wiederfinden, vernachlässigen womöglich ihr eigenes Begehren. Und solche, die sich gelegentlich *zart* geben, sind sich plötzlich fremd, wenn sich ihr eigenes Verhalten für sie selbst abrupt mehr nach 18. Jahrhundert als nach Gegenwart anfühlt.

Alle Menschen sind widersprüchlich, niemand ist jemals einfach kongruent mit sich selbst, kann Selbstkonzepte sowie Wünsche erster und zweiter Ordnung stets sauber erkennen, und nicht zuletzt wäre solch ein Zustand absoluter Kontrolle über das eigene Wesen, die eigenen Prägungen und die eigenen

Handlungen auch wenig erstrebenswert. In meinen Augen führt der zeitgenössische Feminismus manchmal aus den besten Motivationen heraus dazu, die tief eingeprägten Eigenheiten von Menschen negieren zu wollen, beispielsweise solche *zarter* Natur. Im Sinne Rahel Jaeggis glaube ich, dass es ungleich emanzipatorischer ist, sich die grundlegend in unserer Gesellschaft verankerten binären Denkstrukturen zu vergegenwärtigen, die die meisten von uns auf die eine oder andere Weise beschäftigen und plagen. Ein anschauliches Beispiel dafür bietet Natalie Wynn.

Natalie Wynn ist für mich die faszinierendste Essayistin überhaupt auf YouTube, und *Essayistin* ist für sie der genau richtige Begriff: Auf ihrem Channel *ContraPoints* thematisiert sie Phänomene wie Cancel Culture, Incels oder die Rhetorik der Alt-Right-Bewegung ebenso wie ihre trans Identität – und wird, auch wenn sie für bestimmte Positionen in queeren Zusammenhängen durchaus umstritten ist, vor allem von der US-amerikanischen Linken für ihren mitreißenden Mix aus Philosophie und Popkultur gefeiert. Wer Wynns Videos schaut, erlebt eine pointierte und theoretisch versierte Beobachterin der Gegenwart, die immer neue Brücken über die vermeintlichen Gräben identitäts- und klassenpolitischer Kämpfe baut.

2020 veröffentlichte Wynn ein Video mit dem Titel *Shame*, in dem sie schildert, wie sie sich in ihre beste Freundin verliebt hatte.[37] Das wäre nicht weiter bemerkenswert, doch interessant ist die Weise, in der Wynn in ihrem Essay den Weg hin zu dieser Erkenntnis erläutert – und in ihrer persönlichen Erfahrung ein viel allgemeineres Phänomen erkennt.

Wynn beschreibt, dass sie sich zwar bereits lange vor ihrer Transition als bisexuell verstanden, nach ihrer Geschlechtsangleichung jedoch nur noch Männer gedatet habe. In ihrer nun auch physisch manifestierten weiblichen Identität sei Heterosexualität für sie das einzig Naheliegende gewesen – und zwar nicht zuletzt, weil Heterosexualität ein Garant für gesellschaftliche Anerkennung sei. Das Ringen um soziales und geschlechtliches Kapital, das Wynn beschreibt, hat für sie als trans Frau sicherlich einen anderen Stellenwert als für viele cis Frauen, schließlich stehen trans Menschen oft unter dem Druck, die Dominanzgesellschaft durch genderkonformes Auftreten zu überzeugen. Doch Wynns Geschichte, die Geschichte eines den stillschweigenden Gesetzen der heterosexuellen Ordnung weitgehend entsprechenden Frauwerdens, erzählt etwas Universelles.

Für die meisten Frauen beschreibt de Beauvoirs berühmter Satz, man sei nicht als Frau geboren, sondern man werde es, einen kindlichen, unbewussten Entwicklungsprozess. Die meisten Frauen sind keine reflektierten Erwachsenen mit etwas Gendertheorie im Hinterkopf, wenn sie weibliche Heterosexualität als Norm akzeptieren. Dass es zum Erfolg eines weiblichen Daseins dazugehört, von einem Mann geliebt zu werden, haben viele Mädchen bereits internalisiert, bevor sie wissen, wie man Sex buchstabiert.

Die US-amerikanische Feministin, Essayistin und Dichterin Adrienne Rich beschrieb diesen Umstand 1980 als *compulsory heterosexuality*, als verpflichtende Heterosexualität, oder, im deutschen Sprachraum gebräuchlicher: Zwangsheterosexualität. Mit diesem Begriff wollte Rich die patriarchale Grundannahme beschreiben, dass die Liebesbeziehung zwischen Mann und Frau ein biologisch vorgegebenes Konzept sei – und verdeutlichen, dass sie als Norm dermaßen tief in unserer Kultur verankert ist, dass sie jedes abweichende Begehren problematisiert, limitiert, ausschließt. Wie im Fall der Erfahrung Wynns, in dem, meine Interpretation, abermals ein Wunsch erster und ein Wunsch zweiter Ordnung aufeinanderprallen: Ein queeres, lesbisches, bisexuelles, jedenfalls nicht heterosexuelles Begehren ist überformt durch die Annahme, dass es doch eigentlich besser sei, *eine ganz normale Frau* mit Interesse am Phallus zu sein – eine Annahme, für die sich niemand jemals rechtfertigen muss, sondern die in Jahrhunderten patriarchaler Ordnung ausgiebig gedeihen konnte. »Ich küsse einen Mann«, sagt sich Julia, die sechsundzwanzigjährige Protagonistin von Kate Davies' Roman *Love Addict* aus dem Jahr 2019. »Er küsst mich. Das ist sexy.«[38] Wenig später bemerkt sie, dass sie sich doch eher zu neurotischen Butches hingezogen fühlt.

Das ist sexy. Davies' Roman klingt mit dieser Selbstbeschwörung wie die 2020er-Jahre-Version von Verena Stefans autobiografischem Debütroman *Häutungen* von 1975, einem Bestseller der deutschen Frauenbewegung. »Noch war die anerkennung durch einen mann ausschlaggebend, um mir mein vorhandensein als bestimmte von andern unterscheidbare person zu bestätigen«, resümiert die Erzählerin darin.[39] Doch nach und nach bemerkt sie, dass sie sich zu Frauen hingezogen fühlt. Einer Freundin, mit der sie das neu entdeckte lesbische Begehren teilt, stellt sie die Frage: »Löst ein mann an sich in dir sehnsüchte aus? Ist es nicht vielmehr so, daß deine sehnsucht die sehnsucht ist, in ihm sehnsüchte auszulösen?«[40] In diesem Satz drückt sich ein Dilemma aus, das viele Feministinnen des 20. Jahrhunderts beschäftigte: Wie Subjekt werden in einer Gesellschaft, die Frauen stets zum Objekt männlichen Begehrens macht?

Im 21. Jahrhundert ist es für viele Frauen von weitaus geringerer Bedeutung, sich als Objekt männlicher Begierde zu inszenieren: Finanzielle Sicherheit ist zwar längst nicht gewährleistet, aber zumindest weitaus mehr Frauen ohne Hetero-Hochzeit möglich. Warum spricht Natalie Wynn also noch immer von einem internalisierten Zwang, auf gar keinen Fall lesbisch sein zu wollen? »Der Moment, in dem ich mich als Frau zu identifizieren begann, war der Moment, in dem die Stimme der Zwangsheterosexualität in meinem Kopf erklang«, sagt sie.

Ich kenne diese Stimme. Ich war sechzehn, als mir endgültig klar wurde, dass das Label *heterosexuell* für mich nicht ganz passt. Ich war zu diesem Zeitpunkt in den Bruder eines Kumpels, eine neu zugezogene Mitschülerin, meinen Deutschlehrer und eine Freundin aus der Theater-AG verliebt gewesen. In einer utopischen Welt hätte das keinen Anlass zum weiteren Nachdenken dargestellt. Mich aber quälte es. Ich empfand Scham, ich war, typisch postpubertär, von einer großen Sehnsucht danach getrieben, mich in einer Kategorie wiederzufinden – und Heterosexualität schien mir nun mal am vertrautesten und unkompliziertesten.[41] Auch wenn es in den folgenden Jahren einige Begegnungen mit Frauen gab, verbuchte ich das unter: Ausnahmen bestätigen die Regel.

Das Konzept der Zwangsheterosexualität, das unter dem Akronym *comphet* einer ganzen Generation queerer Millennials im Internet zur Distanzierung dient, half mir Jahre später nicht etwa dabei, plötzlich zu erkennen, dass ich mich womöglich lediglich aus gesellschaftlicher Verpflichtung heraus heterosexuell fühlte. Sondern es half mir, zu verstehen, dass ich meinen Gefühlen zu Männern einen anderen Stellenwert beimaß, als seien sie die echteren, valideren, letztlich wertvolleren Gefühle als jene, die ich Frauen gegenüber empfand. Indem ich mich selbst stets eher als Gegenüber eines Mannes denn als Gegenüber einer Frau sah, vollführte ich letztlich an mir selbst: einen Akt *zarter* Girlifizierung.

Dass *Heterosexualität* und *Homosexualität* keinesfalls naturgegebene Kategorien sind, dass sie vielen Ansätzen zufolge mitsamt ihren Diskursen sogar erst in der zweiten Hälfte des 19. Jahrhunderts entstanden, war mir mit sechzehn noch nicht klar. Vielleicht hätte mir die berühmte Skala des Sexualforschers Alfred Kinsey von 1948 weitergeholfen, die zwischen den Extremen 0 (hetero) und 6 (*gay*) immerhin noch die Option 3 (bisexuell) sowie die Abstufungen 1, 2, 4 und 5 anbietet. Aber auch dieses Modell erscheint mir heute enorm fragwürdig, da es Menschen weiterhin in Binaritäten festschnürt, keine Luft für all die Zwischenräume lässt, asexuelle Menschen durch die dubiose Kategorie X von allen anderen abtrennt[42] – und weil sich Sexualität wohl kaum in Zahlen bemessen lässt.

Während Kinseys Entpathologisierung der Bisexualität Mitte des letzten Jahrhunderts noch ein radikaler Vorstoß war, erweist sich das Konzept nach heutigen Kriterien als ausgesprochen beschränkt, geht es doch weiterhin von zwei Geschlechtern aus, die wiederum lediglich zwei Geschlechter begehren können. Es bricht die Vorstellungen zwangsheterosexuellen Denkens keineswegs auf, und der gesellschaftliche Umgang mit nicht-nur-heterosexuell empfindenden Menschen offenbart, wie wirkmächtig dieses Denken weiterhin ist: Während Männern, die verschiedene Geschlechter begehren, eher unterstellt wird, sie seien schwul, gelten Frauen bei gleichem Verhalten oftmals als eher heterosexuell[43] – weil Heterosexualität Männern einen stetigen Beweis abverlangt und bei Frauen vielmehr als Standardeinstellung verstanden wird. Schwules Begehren wird dieser homofeindlichen Logik zufolge als derart entmännlichend verurteilt, dass männerbegehrenden Männern jegliches Interesse an Frauen direkt abgesprochen wird. Lesbisches Begehren hingegen – und das kann jede Frau bestätigen, die schon einmal in der Öffentlichkeit eine andere Frau geküsst und ermunternden Beifall geerntet hat – fügt sich derart gut ein in den männlichen Blick, dass es meist erst gar nicht ernst genommen wird.

So wie die Evolution den Menschen den Blinddarm daließ,

schenkte das Patriarchat ihnen die Heteronorm. Beides ist ein Rudiment, das irgendwann in der Vergangenheit einen Sinn erfüllte (in einem Fall Verdauung, im anderen die patriarchale Ehe) und mittlerweile nutzlos ist. Doch den Wunsch nach Heterosexualität als Überrest der Vergangenheit zu entlarven, ist gar nicht so leicht. »Mag ich überhaupt Männer? Oder mag ich bloß Aufmerksamkeit?«, hatte Natalie Wynn wenige Monate vor ihrem Video eines ihrer Fotos auf Instagram kommentiert und so zum Ausdruck gebracht, wie schwer das eigene Begehren und die Sehnsucht nach patriarchaler Anerkennung oft voneinander zu trennen sind.[44]

Was bedeutet: Obwohl queeres Begehren in vielen Freundeskreisen, Familien und Lebenswelten immer mehr normalisiert ist, obwohl viele Staaten die Ehe für alle institutionalisiert und sich schwule, lesbische, queere Beziehungen teils auch an das heterobürgerliche Haus-und-Kinder-Konzept angepasst haben, kann das Abweichen von der heterosexuellen Norm weiterhin eine gewaltige Herausforderung darstellen – selbst für eine berühmte Protagonistin der queeren Szene. »Mein Verstand will einen anständigen Mann, der für mich sorgt. Aber mein Herz will eine aufmerksamkeitsheischende Diva, die mein Leben ruiniert«, sagt Wynn in ihrem *Shame*-Video.

Im Sinne von Harry Frankfurts Wünschen erster und zweiter Ordnung zeigt sich so, dass uns nicht nur äußere Zwänge einschränken, sondern uns unsere inneren Wünsche ebenso beengen können. Auch wenn sie sich dabei ureigen anfühlen mögen, sind natürlich auch diese inneren Wünsche durch gesellschaftliche Standards geformt. Das kulturelle Dogma der Zwangsheterosexualität veranschaulicht, wie eng verwoben *internalisierte* und *zugeschriebene* Zartheit sind: Was als jahrhundertelang tradierte Norm vermittelt wird, kann das eigene Empfinden und Wollen auch in unserem *woken* Zeitalter, das, wie ich im letzten Kapitel gezeigt habe, im Namen der Sexpositivität längst neue Normen entwickelt hat, weiterhin prägen und einschränken.

Der Irrglaube, erst durch ein männliches Wesen Vollständigkeit erlangen zu können, erscheint damit als eine grundlegende Facette der *zarten* Frau, und vielleicht ist er sogar einer der hartnäckigsten Rückstände von Jahrhunderten patriarchaler Ordnung. »Wir sind gewohnt, die Frau nicht als Persönlichkeit mit individuellen Eigenschaften und Mängeln, mit Berücksichtigung ihrer psychophysiologischen Erlebnisse zu bewerten, sondern als eine Zugabe zum Manne«, schrieb im Jahr 1926 die russische Revolutionärin Alexandra Kollontai, die sich, wenn auch in einem streng heterosexuellen Rahmen, für ein progressives Verständnis von Liebe und Sexualität jenseits von Besitzansprüchen einsetzte.[45] Heute nehmen wir Frauen zwar durchaus als eigenständige Persönlichkeiten wahr. Aber glänzt diese Eigenständigkeit nicht noch mehr, wenn sie Ergänzung findet?

Wie wirkmächtig dieses Denken ist, offenbart der Blick in ein Genre, das wie kein anderes auf der Verschränkung realer Frauen mit ihrer Fiktionalisierung beruht: das Biopic, genauer: das pseudofeministische Biopic über die avantgardistische, mutige, emanzipatorische, unabhängige Frau. Obwohl es das augenscheinliche Anliegen dieses Genres ist, die Geschichten historischer Frauenfiguren zu erzählen, die aus patriarchalen Mustern ausbrachen und um Anerkennung kämpfen mussten, verabsolutieren sie oftmals genau das Gegenteil.

Das Leben von Lou von Salomé beispielsweise, geboren 1861, würde ungeheuer viel Stoff bieten für einen Spielfilm über den Bruch mit Normen, die damit womöglich einhergehende Einsamkeit und die fundamentalen Schwierigkeiten weiblicher Emanzipation an der Schwelle zum 20. Jahrhundert. Salomé war eine der ersten Studentinnen an der Universität Zürich, ließ sich als eine der ersten Frauen weltweit zur Psychoanalytikerin ausbilden, umgab sich mit wichtigen Denkern ihrer Zeit. Mit Paul Rée, Friedrich Nietzsche, Rainer Maria Rilke und Sigmund Freud verband sie mal mehr, mal weniger libidinös aufgeladener Kontakt – was das 2016 erschienene Biopic *Lou Andreas-Salomé* zum Anlass nimmt, das Leben seiner Protagonistin beinahe ausschließlich mittels dieser Beziehungen nachzuzeichnen. Über ihre intellektuelle Arbeit als Schriftstellerin und Psychoanalytikerin verrät der Film beeindruckend wenig. Selbst die Idee, dass Lou Salomé clever sein könnte, erfährt die Zuschauerin lediglich durch das Gaffen Rainer Maria Rilkes. Erst als Objekt eines girlifizierenden Blicks wird das *zarte* Wesen in dieser Darstellung vollständig.

Ähnlich ergeht es Frida Kahlo, die sich 2002 im Mainstream-Biopic *Frida* beinahe ausschließlich an ihrer komplizierten On-off-Beziehung zum Maler Diego Rivera abarbeiten muss und ihrer eigenen Kunst nie mit Ideen, sondern stets nur mit Selbstzweifeln begegnen kann. Es ist ein Mann, der ihr Leben und ihre Entscheidungen prägt – und nicht etwa ihr politisches Engagement oder ihre lebenslange Auseinandersetzung mit ihren chronischen körperlichen Beschwerden. Und selbst Billie Holiday dichtet der 2021 erschienene Film *Billie Holiday vs. The United States*, der den Zusammenhang zwischen staatlichem Rassismus und Drogenpolitik Mitte des 20. Jahrhunderts offenlegt, eine unerwartete Affäre mit genau jenem FBI-Agenten an, der sie wegen ihres Heroinkonsums ins Gefängnis brachte. Selbstverständlich darf die cineastische Bearbeitung historischer Stoffe so etwas. Aber die Figur Holidays büßt dadurch an Eigenständigkeit ein – und so erscheint selbst eine der wichtigsten Sängerinnen der Jazzgeschichte als verlorenes Geschöpf, das erst durch die Liebe eines Mannes gerettet werden kann.

Indem der Fokus der drei Filme auf Salomés, Kahlos und Holidays Beziehungen zu Männern liegt, tragen sie natürlich auch einer historischen Tatsache Rechnung: Die portraitierten Frauen gehörten jeweils zu den ersten, die in männlich besetzte Domänen eindrangen, teils boten ihre Partner ihnen dabei Inspiration und finanzielle Unterstützung. Dennoch gäbe es unendlich viele Möglichkeiten, ihre Geschichten zu erzählen – und ist eine Kussszene in den ersten zehn Minuten einer weiblichen Biografie keine Zwangsläufigkeit. Diese Filme bilden zwar scheinbar faktengemäß die Lebenswege avantgardistischer Frauen ab, rahmen sie jedoch auf konventionelle, hübsch heteronormative Weise ein, als sei die Biografie einer Frau nur dann erzählenswert, wenn sie die immer gleiche dramatische Liebesgeschichte enthielte, als sei das Werk einer Frau erst dann von Bedeutung, wenn es von einem Mann bewundert und anerkannt würde, als sei das Leben einer Frau primär: ihr Liebesleben. Es ist kein Zufall, dass diese Filme im Gegensatz zu verwandten Filmen über männliche Biografien bevorzugt bloß die Vornamen ihrer Protagonistinnen im Titel tragen, als seien *Jackie*, *Judy*, *Romy*, *Frida*, *Nina*, *Enid*, *Astrid* und *Paula* nur irgendwelche netten Girls von nebenan gewesen und keine prägenden Personen des Zeitgeschehens, die über Talent und Nachnamen verfügen.

So verfallen die Filme dem gleichen Paternalismus, dem möglicherweise auch die Zeitgenossen der Protagonistinnen nicht widerstehen konnten: Letztlich wehren sich die Biopics selbst paradoxerweise dagegen, ihre Hauptfiguren in männliche Sphären eintreten – oder sie als selbstständige Wesen erscheinen zu lassen. Virginia Woolf beschrieb einen solchen Impuls, Frauen den Zugang in die sogenannte Welt der Männer zu verweigern, schon vor fast hundert Jahren. In *Ein Zimmer für sich allein* erzählt sie, wie sie an einem Oktobertag gedankenverloren über eine Rasenfläche spazierte. »Sofort erhob sich die Gestalt eines Mannes, um mich abzufangen. Zunächst verstand ich nicht, daß das Gestikulieren eines merkwürdig aussehenden Objekts in Gehrock und Galahemd auf mich zielte. Sein Gesicht zeigte den Ausdruck von Entsetzen und Empörung. Mehr mein Instinkt als mein Verstand kam mir zu Hilfe: er war Pedell, ich eine Frau. Dies war der Rasen; der Weg war dort. Nur die Mitglieder des Kollegiums und die Studenten durften hier gehen; mein Platz war der Kies.«[46]

Ähnlich wie der Pedell, eine Art Universitätshausmeister, Virginia Woolf den Zugang zum Rasen verbot, verweigern Biopics ihren Protagonistinnen das Dasein in der Welt ohne girlifizierende Rahmung – und heften ihnen stattdessen *zarte* Elemente an: romantische Liebe, ein mädchenhaftes Auftreten, gefühliges künstlerisches Schaffen. Männliche Biopic-Charaktere wie Steve Jobs, der *Wolf of Wall Street* Jordan Belfort oder der McDonald's-Gründer Ray Kroc werden als geniehafte Erfindertypen porträtiert, die nur aus sich heraus motiviert ein Projekt verfolgen – und trotz egomanen Verhaltens von Frauen geliebt werden. In Biopics über weibliche Protagonistinnen dagegen handeln die Frauen, *um* Bewunderung zu erlangen. Ihr Antrieb ist die Anerkennung der Männer, von denen sie umgeben sind.[47]

Eine derart unverstellt fragile Frauenfigur wie Holly Golightly würde uns heute befremden. Doch in Wahrheit ähneln viele Frauenfiguren des zeitgenössischen Kinos Holly – und sind lediglich mit einem geringen Repertoire emanzipatorischer Accessoires bestückt, die ihre Girlifizierung verschleiern. Frauen erscheinen so auch in der Gegenwart vielfach als Objekte bevormundender Besorgnis, als *zarte* Mädchen ohne Verstand und Agenda. Um nochmals auf das ödipale Vokabular Joan Rivieres zurückzugreifen: Die »Vergeltungsmaßnahmen«, die ihre Patientin »nach der intellektuellen Leistung ihres Vortrags […] von seiten der Vaterfigur« befürchtet, werden massenhaft insofern Realität, als Frauen fortwährend vom kollektiven Daddy girlifiziert werden.

Das passiert ungebrochen auch heutzutage in der Politik, in der Arbeitswelt, in allen Sphären, in denen Frauen im Sinne der jahrhundertealten Teilung in private und öffentliche Räume nichts zu suchen haben. Am eindrucksvollsten aber geschieht es überall dort, wo Frauen sich symbolisch Handlungsmacht anmaßen, wo sie etwa durch künstlerisches Schaffen eigenständige Öffentlichkeit beanspruchen. Ein gutes historisches Beispiel bietet dafür Emily Brontës Roman *Sturmhöhe*, der 1847 zuerst unter dem relativ geschlechtsneutralen Pseudonym Ellis Bell erschien. Während die auf Ellis Bezug nehmenden Rezensionen neutral den Inhalt, die Sprache und die Moral des Romans betonten, wollten bald darauf die Kritiker Emily Brontës vor allem die femininen Aspekte des Textes und die Jugend der Autorin herausstellen. Den fiktiven Autor Bell verglich die Kritik mit einem rauen Seemann, die reale Autorin Brontë hingegen mit einem erst flatternden, bald erschöpften Vogel im Käfig.[48]

Auch knapp zwei Jahrhunderte später finden junge Künstlerinnen im bürgerlichen Feuilleton bevorzugt im Diminutiv statt, niedlich, lieblich und ungefährlich. Die Frontsängerin einer Indieband, die sich in die Menge fallen lässt, ist nicht mehr die Frontsängerin einer Indieband, die sich in die Menge fallen lässt, sondern eine »Ophelia, ein blasses Mädchen in wallendem Kleid auf wabernden Händen«.[49] Eine Schriftstellerin, die bereits zwei Bestseller veröffentlicht hat, ist keine Schriftstellerin, die bereits zwei Bestseller veröffentlicht hat, sondern sieht aus »wie ein aufgeschrecktes Reh mit sinnlichen Lippen«.[50] Eine Kolumnistin, die wenig lächelt, ist nicht eine

Kolumnistin, die wenig lächelt, sondern eine Frau, die »jede Menge durchgemacht hat, [...] die unter einem enormen Druck steht und« – wenn sie dann doch lächelt – »auch ganz anders sein kann, nicht nur cool, sondern weich und bedürftig [...].«[51] Eine Regisseurin hat nicht einfach Locken, sondern Haare, die »auf diese perfekte Weise gelockt wie sonst nur bei Puppen« sind.[52] Eine Singer-Songwriterin hat eine Stimme wie »schmelzende Eiscreme, süß und reizvoll schmutzig«.[53] Bei einer Autorin gelten ihre »Lieblichkeit und ihre weiche, singende Stimme« als »toller Kontrast zur Härte, Geschwindigkeit und Aggressivität ihrer Prosa«.[54] Und wie oft wird männlichen Schriftstellern eigentlich erzählerische »Verspieltheit« nachgesagt?

Klar: Auch männlichen Künstlern werden plakative Rollen zugeschrieben. Stereotype sind kein allein feministisches Problem. Der entscheidende Unterschied jedoch besteht darin, dass es Männern im Gegensatz zu Frauen nicht verwehrt bleibt, Kunst zu produzieren, der ein universaler Anspruch zugestanden wird. Erschafft ein Mann ein Werk, kann es darin um die Menschheit gehen. Schreibt, malt, produziert eine Frau etwas, geht es darin all den Diminutiv-Beispielen zufolge immer nur um Weiblichkeit.

Man kann eine Argumentation wie diese leicht als kulturalistisch abtun: Gibt es nicht dringlichere Probleme als das der Repräsentation? Die *zarte* Frau ist jedoch kein alleiniges Problem der Darstellung. Wie gefährlich die Grundannahme weiblicher Emotionalität, Unzurechnungsfähigkeit und Zerbrechlichkeit sein kann, zeigt sich etwa in der Medizin. Wenn Männer über Schmerzen klagen, bekommen sie primär Schmerzmittel verschrieben, Frauen dagegen Antidepressiva oder Beruhigungsmittel. Körperliche Schmerzen werden bei Frauen öfter als bei Männern als »emotional« begründet und für »psychosomatisch« erklärt.[55] Was lebensbedrohliche Folgen haben kann, wenn beispielsweise Anzeichen eines Herzinfarkts übersehen werden. Dass solche Fehler mit dem vergeschlechtlichten Blick auf die Patientin zusammenhängen, zeigt eine repräsentative Studie aus den USA: Demnach haben Frauen bessere Chancen, einen Herzinfarkt zu überleben, wenn sie von einer Ärztin und nicht von einem Arzt behandelt werden.[56]

Die Figur der *zarten* Frau hat also existenzielle Bedeutung, und das zweifellos nicht nur in der Medizin. In sämtlichen Diskursen um weibliche Selbstbestimmung spielt sie eine unterschwellige Rolle: Sexarbeiterinnen wird abgesprochen, dass sie sich wirklich freiwillig dazu entscheiden können, mit Kunden Sex zu haben. Muslimas wird abgesprochen, dass sie wirklich freiwillig entscheiden können, ein Kopftuch zu tragen. Ungewollt Schwangeren wird abgesprochen, dass sie wirklich freiwillig entscheiden können, ein Kind nicht bekommen zu wollen. Und erst seit wenigen Jahren traut man Frauen in Deutschland die Verantwortung zu, die Pille danach ohne ärztliches Rezept in der Apotheke zu kaufen – nachdem Gesundheitsminister Jens Spahn zuvor in der süßlichen Fantasie geschwelgt hatte, Frauen, die das mit der Verhütung nicht ganz hinbekämen, könnten sonst rezeptfreie Pillen wie »Smarties« wegsnacken.[57]

In Wirklichkeit sind alle diese Debatten natürlich komplexer, als dass man die immer wieder paternalistisch ausgedrückten Vorbehalte einfach komplett beiseiteschieben könnte: Ja, es gibt Zwangsprostitution unter menschenverachtenden Umständen. Ja, es gibt junge Muslimas, die nicht den Spielraum haben, sich gegen ein Kopftuch entscheiden zu können. Und ja, die Frage, ab wann ein Fötus schützenswert ist, ist nicht mit Leichtigkeit abzutun. Doch den paternalistischen Stimmen fällt es schwer, zu differenzieren – und Frauen nicht *generell* zu

Opfern ihrer eigenen Unmündigkeit zu erklären, weswegen sie dringend vor sich selbst geschützt werden müssten.

Der patriarchale Kernmechanismus, Frauen wenig bis gar keine eigene Agenda zuzutrauen, birgt auch eine weitere Gefahr: Indem *Zartheit* nur einem Teil der Welt zugeschrieben und Frauen also gleichermaßen zugestanden wie zugemutet wird, entgeht dem misogyn geprägten Blick zum einen, dass auch Männer selbstverständlich *zarte* Facetten haben, die ihnen ein gängiges Ideal von Virilität oftmals abspricht. Und zum anderen, dass Frauen bei Weitem nicht immer so *zart* und unschuldig sind, wie ihnen das Komplementärideal nachsagt. Illustrieren lässt sich dieses Phänomen am Beispiel weiblicher Täterschaft.

Ich sitze in der Küche einer Freundin und schweige. Meine Freundin kocht am Herd Kaffee. Auch sie schweigt. In der Nacht zuvor waren wir aus, eine Premierenparty, und während wir jetzt langsam wach werden, erzählt mir meine Freundin noch einmal, was genau passiert ist.

Sie erzählt, wie diese Frau, wesentlich älter als sie und noch dazu ihre Vorgesetzte, sie bedrängt hat. »Wäre es ein Mann gewesen, wäre die Sache klarer«, beendet sie ihre Schilderung. »Mit Übergriffen durch Männer hat man ja Erfahrung. Aber irgendwie«, sie gießt den Kaffee ein und lässt sich auf einen Stuhl fallen, »irgendwie fällt es bei einer Frau schwerer, einen Übergriff als Übergriff zu werten.«

Solange Frauen als *zart* imaginiert werden, scheint es schwer, sie sich als Täterinnen vorzustellen – eine Annahme, die von Frauen ausgehende Gewalt potenziell verunsichtbart. Forschung zu weiblicher Täterschaft gibt es bislang kaum. Gerade bei sexualisierten Straftaten scheint es meist undenkbar, dass Gewalt auch von Frauen ausgehen kann. Diese Undenkbarkeit korrespondiert mit der bereits dargestellten Beschränktheit sexueller Skripte bei heterosexuellen Begegnungen: Wo Frauen kein eigenständiges Begehren zugestanden wird, wird ihnen ebenso wenig eigenständiges Aggressionspotenzial zugesprochen. Der im letzten Kapitel beschriebene *male sexual drive discourse* verortet nicht nur den sexuellen Willen, sondern auch sexualisierte Gewalt einseitig bei Männern – Frauen treten in dieser Denkweise immerzu nur in unschuldiger Unbedarftheit auf.

Diese obsessive Einseitigkeit bei der Verteilung aller gesellschaftlichen Abgründe auf eine Seite des vorgeblich binären Geschlechterwalls wird jedes Mal deutlich, wenn dann doch eine Frau des öffentlichen Lebens für sexualisierte Straftaten angeklagt wird. Als beispielsweise der US-amerikanische Schauspieler Jimmy Bennett 2018 seine zwanzig Jahre ältere Kollegin Asia Argento beschuldigte, ihn im Alter von siebzehn Jahren in einem kalifornischen Hotelzimmer sexuell missbraucht zu haben, waren sich einige Kommentatoren einig: Hier konnte keine Straftat vorliegen, vielmehr war ein junger Mann »in die Liebe eingeführt« worden. Die meisten Siebzehnjährigen würden es schließlich »als Glücksfall empfinden, wenn sie eine ältere Frau von den hormonellen Verstörungen befreien würde, die mit der Spätpubertät einhergehen«.[58]

Jimmy Bennett selbst brachte den gedanklichen Fehler von Kommentaren wie diesem einige Monate später trocken auf den Punkt: »Eine Frau kann schön und attraktiv sein und trotzdem einen Mann missbrauchen«, sagte er im italienischen Fernsehen.[59] Doch auch weit jenseits der Boulevardpresse wurde Asia Argento als potenzielle Täterin nicht ernst genommen, sondern vielmehr sexualisiert: Sie erschien als Verführerin – und zwar als letztlich *zarte* Verführerin, von der gar keine unerwünschten Handlungen ausgehen konnten. Fataler als das Bezirztwerden durch Aphrodite, Göttin der Liebe, die in der griechischen Mythologie den jungen Adonis begehrt, schien der Vorfall unmöglich gewesen zu sein.

Im Rahmen der Diskussionen nach #MeToo plädierten zahlreiche Stimmen dafür, zwischen Vergewaltigung und Sexualität zu differenzieren. So wichtig das in spezifischen Fällen auch ist, so schwierig ist es, will man abstrakt über die gewaltigen Geschlechtermythen rund um das Thema Vergewaltigung nachdenken. Informationen über Vergewaltigung sind schlicht »nicht nur Informationen über Vergewaltigung, sondern immer auch über unser Geschlecht, das Verhältnis der Geschlechter zueinander und sogar über Sexualität«, schreibt die Kulturwissenschaftlerin Mithu Sanyal. »Die Art, wie wir über Vergewaltigung denken, steht in einem erschütternden Verhältnis zu der Art, wie wir über Sex denken.«[60] Die Debatte um Asia Argento und Jimmy Bennett gibt sowohl Auskunft darüber, wie Frauen als sexuelle Akteurinnen wahrgenommen werden, als auch darüber, wie sie als potenzielle Täterinnen wahrgenommen werden – oder vielmehr nicht wahrgenommen werden. In beiden Fällen gelten sie als verletzlich und können andere keinesfalls verletzen. Das Potenzial zu Aggression und Gewalt, das wohl jedem menschlichen Wesen innewohnt, wird ihnen abgesprochen.

Der Glaube, dass Frauen dermaßen *zart* sind, dass sie zu einer Vergewaltigung gar nicht in der Lage scheinen, tabuisiert zum einen das Reden all jener, die von sexualisierter Gewalt durch Frauen betroffen sind – was, das muss man erwähnen, weitaus seltener der Fall ist als Übergriffe, die von Männern ausgehen.[61] Zum anderen minimiert der Glaube an eine grundlegende weibliche *Zartheit* die Freiheit von Frauen, die durch ihn lange nicht so viele denkbare Rollen einnehmen können wie Männer. In der Schweiz war diese Begrenzung sogar bis vor Kurzem juristisch zementiert: Vergewaltigen konnte dort bis zur Reform des Sexualstrafrechts 2021 nur, wer einen Penis besaß.[62]

Diese archaischen Annahmen über das unterschiedliche Gewalt- und Verletzungspotenzial von Männern und Frauen sind dermaßen wirkmächtig, dass sie zum Teil der eigenen Subjektivität werden können. Ein *zartes* Selbstverständnis kann Frauen bis zur Selbstdestruktion daran hindern, sich zur Wehr zu setzen. Oftmals berichten etwa Frauen, die Vergewaltigungen erlebt haben, davon, wie ihnen im Moment des Schocks gar nicht in den Sinn kam, dass sie sich verteidigen könnten. Die französische Schriftstellerin Virginie Despentes, die mit siebzehn Jahren beim Trampen vergewaltigt wurde, schreibt darüber: »Ich bin nicht wütend auf mich, dass ich nicht gewagt habe, einen der Kerle umzubringen. Ich bin wütend auf eine Gesellschaft, die mich dazu erzogen hat, ohne mir je beizubringen, einen Mann zu verletzen, der mir mit Gewalt die Beine spreizt, während die gleiche Gesellschaft mir eingetrichtert hat, dass das ein Verbrechen sei, von dem ich mich nicht mehr erholen dürfe.«[63] Hier wirkt das patriarchale Trugbild der *Zartheit* gleich in doppelter Weise: im Moment der Vergewaltigung selbst, in dem die Möglichkeit, sich zur Wehr zu setzen, nicht gegeben scheint, und im Danach, in dem eine Frau, die eine Vergewaltigung erlebt hat, für immer im Opferstatus festgeschrieben bleibt.

Wo Frauen Opfer sind, können sie nicht Täterinnen sein. Das zeigte sich im Falle Argentos: Sie war eine der ersten Frauen gewesen, die den Filmproduzenten Harvey Weinstein der Vergewaltigung beschuldigten. Wie aber sollte das Opfer später auch noch Täterin sein? Solche strukturelle Blindheit gegenüber weiblicher Vielschichtigkeit stellt nicht nur bei sexualisierten Straftaten ein Problem dar.

Zu Beginn dieses Kapitels sagte ich, dass die *zarte* Girlifizierung – die paternalistische Perspektive auf Frauen als reine

Unschuld – ein Ausdruck von *Phantombesitz* sei, der die vermeintliche Überlegenheit von Männern gegenüber Frauen zementiert. Doch Phantombesitz kommt nicht nur im binär konstruierten Gegensatz zwischen Männern und Frauen zum Ausdruck, sondern entlang aller historisch gewachsenen Diskriminierungsachsen, überall dort, wo einstige Herrschaft juristisch abgeschafft ist und dennoch weiterbesteht – etwa zwischen *weißen* Menschen und Menschen of Color.[64] Auch hier spielt *Zartheit* natürlich eine Rolle: als strategisches Instrument, das Frauen untereinander anwenden und das einmal mehr offenbart, dass es eben kein in sich geschlossenes kollektives Subjekt »Frau« gibt.

Im Februar 2018 verursachte die international anerkannte Historikerin Mary Beard, deren Essay *Frauen und Macht* vor einigen Jahren auch in Deutschland ein Bestseller war, mit einem einzigen Tweet heftigen Aufruhr. In Reaktion auf die Enthüllung, dass Oxfam-Mitarbeiter auf Haiti teils minderjährige Sexarbeiterinnen ausgebeutet hatten, schrieb sie: »Ich frage mich, wie schwer es sein muss, ›zivilisierte‹ Werte in einem Katastrophengebiet aufrechtzuerhalten.«[65] Für diese irritierende Wortwahl (*»zivilisiert«?*) wurde Beard, die Althistorikerin ist, vor allem von Menschen of Color scharf angegriffen, darunter besonders prominent von der postkolonialen Theoretikerin Priyamvada Gopal. Das wäre bis hierhin der normale Verlauf einer gegenwärtigen Debatte – doch nach etlichen Rassismusvorwürfen veröffentlichte Beard schließlich ein Selfie von sich, das sie mit rot unterlaufenen, verheulten Augen zeigte. Dazu schrieb sie: »Ich bin wirklich nicht die fiese Kolonialistin, für die ihr mich haltet.«[66]

Ein Shitstorm kann auch die etablierteste Person der Öffentlichkeit aus der Bahn werfen, und es ist einerseits zu begrüßen, wenn jemand auf die Härten unserer zeitgenössischen Auseinandersetzungen mit offensiver Vulnerabilität zu reagieren vermag. Für Emotionen sollte niemand sanktioniert werden – doch andererseits besteht zwischen Emotion und Handlung ein Unterschied, nicht jede Regung muss veräußerlicht werden, und wird sie es, kann sie je nach Kontext unangemessen erscheinen. Insofern frage ich mich: Ist ein Tränenselfie die adäquate Antwort einer erwachsenen Frau auf den Vorwurf, unangebrachtes Vokabular verwendet zu haben – sich selbst für unschuldig, da verheult zu erklären? Einfach um öffentlichen Trost und Nachsicht zu bitten, anstatt sich zumindest zugleich klar zu den Vorwürfen zu positionieren? Mary Beard, die sich in *Frauen und Macht* selbst mit der historisch gewachsenen Unterdrückung von Frauen beschäftigt hatte, kaschierte, ob bewusst oder unbewusst, ihre eigene Diskursmacht, indem sie ihre Schwäche ausstellte. Nach der Veröffentlichung ihres Tränenselfies wurde Priyamvada Gopal zur Zielscheibe rassistischer Attacken.[67] Beard hatte eine Form *strategischer Zartheit* angewandt. Und steht damit nicht allein.

Der Impuls von Menschen in dominanten Positionen, sich selbst als schwach zu stilisieren, wenn sie sich auch nur mit der Beobachtung ihrer Dominanz konfrontiert sehen, ist in den verschiedensten Zusammenhängen zu beobachten. Männer reagieren nervös, wenn ihnen patriarchales Verhalten vorgeworfen wird, Millionäre hören nicht gern, wie reich sie sind, sondern rechnen sich lieber der Mittelklasse zu – und so ist auch die Liste *weißer* Menschen, die auf die Benennung von Rassismus als strukturell tief in unserer Gesellschaft verankertem Zustand mit Fragilität reagierten, ausgesprochen lang. Ein bizarres Beispiel dafür bot der Schauspieler Lars Eidinger, als er während einer Pressekonferenz kurz nach dem rechtsextremen Attentat von Hanau im Februar 2020 im Blitzlichtgewitter aus undurchsichtigen Gründen in Tränen ausbrach, um, wie er dann schluchzte, seinen Unmut über »Hass und Missgunst« in unserer Gesellschaft auszudrücken.[68] Das Wort Rassismus benutzte er kein einziges Mal, dafür aber hatte Eidinger seine komplexe Gefühlslage so richtig gut ins Rampenlicht gerückt. Darin gleichen sich die Beispiele Beards und Eidingers: Um das eigentliche Thema, sei es rassistisches Vokabular oder rassistische Gewalt, geht es meist nicht mehr, sobald die zarten Tränen *weißer* Menschen fließen.

Dass Eidingers Gefühlsausbruch von mancher Seite wohlwollend aufgenommen wurde – nach seinem Monolog klatschten die Teilnehmerinnen der Pressekonferenz Beifall –, ist auch als Indiz dafür zu verstehen, dass sich das emotionale Spektrum von Männlichkeitsidealen in den letzten Jahren erweitert hat. Männertränen werden nicht mehr unbedingt als Fiasko gewertet. Doch kulturgeschichtlich hat das Weinen weiterhin je nach Geschlecht unterschiedliche Bedeutungen. Die bereits seit der Antike vor sich hin flehende Figur der *Jungfrau in Nöten* verkörpert weibliche Unschuld in Reinform – und zeichnet sich dadurch aus, dass sie sich machtstabilisierend immerzu in äußerst misslichen Lagen befindet und dringend von einem *weißen* Mann gerettet werden muss. Von Ann Darrow in *King Kong* bis zu Prinzessin Peach in *Super Mario* ist diese Figur als enge Verwandte der *zarten* Frau fester Bestandteil unseres kulturellen Panoptikums. Und sie ist immer *weiß*.

Das ist kein Wunder: Im Kolonialismus, der immer wieder den »Schutz« *weißer* Frauen zur Legitimation ausbeuterischer und rassistischer Politik machte, ließen sich mit der Jungfrau in Nöten als herbeiimaginiertes Opfer brutale Lynchmorde rechtfertigen.[69] Der unschuldigen *weißen* Frau stand die Schimäre des triebgesteuerten Schwarzen Mannes gegenüber, der eine permanente Bedrohung darstellte – eine Vorstellungswelt, an die rechtspopulistische Stimmen bis heute gern anknüpfen, um rassistische Maßnahmen von Racial Profiling bis zu menschenrechtsfeindlicher Migrationspolitik zu rechtfertigen.

*Weiß*sein, Weiblichkeit und gefährdete Unschuld bilden so einen Komplex, der historisch derart eng verwoben ist, dass er bis heute wirksam bleibt. Die Tränen *weißer* Frauen, lässt sich festhalten, lösen ungebrochen kollektive gesellschaftliche Beschützerreflexe aus – und das Beispiel Mary Beard illustriert, dass selbst Feministinnen, die sich intensiv und kritisch mit Herrschaftsstrukturen auseinandergesetzt haben, noch lange nicht davor gefeit sind, dieses Erbe fortzuschreiben. In Momenten der Verunsicherung können sie selbst zu Profiteurinnen eines traurigen Phantombesitzes werden, zu Profiteurinnen einer vermeintlichen Überlegenheit gegenüber Menschen of Color, indem sie sich als *zart* stilisieren. So unwillkürlich dieser Impuls geschehen mag, so brutal und spaltend wirkt er: Wo das Potenzial für eine gemeinsame feministische Bewegung bestünde, geht es, wie Audre Lorde bereits 1981 bemerkte, viel zu oft zugunsten rassistischer Abwehr verloren.[70]

Strategische *Zartheit* ist also, ob bewusst oder unbewusst eingesetzt, ein Privileg *weißer* Frauen: Auf jahrhundertealten Mythen aufbauend, gilt nur *weiße* Weiblichkeit im Zweifelsfall weiterhin als unverdächtig. Selbst wenn die Schuld eigentlich offensichtlich ist – wie bei der Rechtsterroristin Beate Zschäpe, die von der medialen Öffentlichkeit auf irritierende Weise zunächst nahezu freigesprochen wurde.

Als sich der Nationalsozialistische Untergrund im November 2011 selbst enttarnte, war anfangs vor allem von einem rechtsextremen Duo die Rede. »Die Haupttäter des Nationalsozialistischen Untergrunds (NSU), Uwe Mundlos und Uwe Böhnhardt, sind tot«, so und ähnlich lauteten die ersten Überschriften.[71] Beate Zschäpe als gleichberechtigtes Mitglied des NSU? Das schien zunächst vollkommen undenkbar. Tatsächlich warfen Journalistinnen von Anfang an die Frage auf: Hatte Zschäpe überhaupt von den Morden gewusst? Konnte sie nicht auch vierzehn Jahre lang mit zwei Mitgliedern der größten rechtsextremen Terrorzelle der deutschen Nachkriegszeit gefrühstückt – aber von deren Verbrechen rein gar nichts mitbekommen haben?

So wie Holly Golightly nichtsahnend Mafiabotschaften nach Sing Sing übermittelt, war auch Beate Zschäpe in diversen Darstellungen bloß eine begriffsstutzige, unschuldige Mithelferin. Selbst wenn in einer bald schon zunehmenden Zahl von Texten die Frage nach ihrer Ahnungslosigkeit verneint wurde, betonierte allein die Tatsache, dass sie wieder und wieder aufgeworfen wurde, die Möglichkeit, dass sie einfach nichts gewusst haben könnte. Nicht etwa ideologische Überzeugungen seien ausschlaggebend dafür gewesen, dass sich Zschäpe zur Rechtsterroristin entwickelt habe, sondern ganz natürliche, zwischenmenschliche Bedürfnisse: »Dass sich das junge Mädchen von der zeitweise alkoholkranken Mutter abwandte und in Kreise flüchtete, in denen sie Selbstbewusstsein entwickeln konnte, dass sie sich mit dem Professorensohn Uwe Mundlos einließ und später mit Uwe Böhnhardt [...], ist nicht verwunderlich.«[72] Mundlos und Böhnhardt seien wie ein Elternersatz gewesen: »Ihren Vater lernte sie nie kennen, zur Mutter fehlte ihr die Zuneigung.«[73] Zschäpe, so suggerieren diese Pressezitate, war keine Überzeugungstäterin, sondern einfach nur auf der verzweifelten Suche nach Liebe.

Wo Männer Überzeugungen haben, haben Frauen Bedürfnisse. Und zwar *zarte* Bedürfnisse: danach, in den Arm genommen, gehalten, geliebt zu werden. Solche Annahmen sind es, die die öffentliche Wahrnehmung Beate Zschäpes deutlich entlarvt.[74] Zschäpe selbst machte sich die ihr von den Medien angebotene Rolle als ahnungslose Gefährtin zweier rechtsextremer Mörder alsbald zunutze.[75] Nur aus Liebe und Abhängigkeit heraus sei sie im Untergrund geblieben, behauptete sie, und habe von den Morden stets erst im Nachhinein erfahren.[76] Ihre Anwältinnen versuchten, dieses Bild durch ein Gutachten zu stützen, für das sie einen Psychiater beauftragten. Dieser – der übrigens vergebens versuchte, ihr eine Schachtel Pralinen in die Untersuchungshaft zu schmuggeln[77] – attestierte Zschäpe eine »schwere dependente Persönlichkeitsstörung«. Ihre Liebesbeziehung zu Uwe Böhnhardt sei von einer krankhaften seelischen Abhängigkeit geprägt gewesen. Sie sei, klarer Fall, vermindert schuldfähig.[78] Zwar ging diese Verteidigungsstrategie nicht auf, doch offenbart sie, wie mühelos sich Frauen, und seien sie noch so unmenschlich gewaltsam, eine *zarte* Rolle zu eigen machen können.

Der Umgang mit Beate Zschäpe deutet auf eine kontinuierliche Blindheit hin. In den nationalistischen, rechtsextremen und faschistischen Zusammenhängen der vergangenen hundert Jahre waren Frauen unabdingbare Akteurinnen: Im Nationalsozialismus etwa waren sie nicht nur als Schreibtischtäterinnen, sondern auch als KZ-Aufseherinnen, »Pflegerinnen« in Euthanasieanstalten, private Denunziantinnen und in vielen weiteren Rollen einflussreiche Handelnde des an unzähligen Funktionsstellen Unrecht begehenden Staates. Auch sie handelten, wie zahlreiche Quellen belegen, wieder und wieder bewusst und willentlich grausam.[79] In den Prozessen der Nachkriegszeit jedoch wurden sie zu einem überragenden Großteil übersehen. Die alliierten Anklägerinnen erklärten sich das weibliche Mitwirken am faschistischen Deutschland wahlweise durch Verliebtheit oder mangelnde Kenntnis über die Tragweite der mörderischen Vorgänge.[80]

Bis in unsere Gegenwart lassen Frauen die verschiedensten Aktivitäten der Neuen Rechten harmloser und einladender daherkommen. Als *instagramable* Influencerinnen haben sie die Identitäre Bewegung hip gemacht[81], es als *nette* Anhängerinnen des QAnon-Verschwörungsmythos bis in den US-Kongress geschafft[82], als *kindlich-unschuldig wirkende* Klimaleugnerinnen werden sie öffentlichkeitsbewusst aufgebaut[83] – und die rechtsextreme Spitzenpolitikerin Marine Le Pen hat, seit sie sich betont feminin gibt, ihre politischen Forderungen bei allem Rassismus mit weltoffener Rhetorik versüßt und auf Instagram liebliche Fotos von sich mit Katzen, Hunden, Kaninchen sowie Kleinkindern postet, gute Chancen, 2022 Frankreichs erste Präsidentin zu werden.[84]

Strategische *Zartheit* zeichnet sich dadurch aus, dass sie stereotype Zuschreibungen von unschuldiger Weiblichkeit aktiviert, die unser Denken bei allem progressiven Willen weiterhin prägen. Weiblichkeit dient dabei als geschickt inszenierte Tarnung, die Gewalt und Inhumanität verschleiert und mit der sich Followerinnen, Wählerstimmen und Sympathien gewinnen lassen. Diese Tarnung funktioniert nur, weil der Glaube an die vermeintlich *zarte* Aura von Frauen längst nicht überwunden ist – und das zeigt sich selbst dort, wo er vermeintlich bestritten wird. Dafür ein letztes Beispiel.

Um Stereotype aufrechtzuerhalten, müssen für alle Informationen, die sich nicht mit ihnen decken, neue Stereotype geschaffen werden. In der Sozialpsychologie bezeichnet man diesen Prozess als *Subtypisierung*: Eine Beobachtung, die einem Stereotyp widerspricht, führt nicht etwa dazu, das Stereotyp zu hinterfragen – sondern dazu, eine neue Kategorie zu schaffen, in die sich die vermeintlich exzeptionelle Beobachtung einordnen lässt. Im Falle der bis hierhin beschriebenen *zarten* Frau lautet diese Kategorie: die *starke* Frau.

Wenn eine Politikerin zur Vizepräsidentin ernannt wird[85], wenn eine Geschäftsfrau in den Vorstand eines Autokonzerns aufsteigt[86], wenn eine Aktivistin gegen ein diktatorisches Regime kämpft[87] oder wenn eine Frau gar selbst Teil eines diktatorischen Regimes ist[88], dann besteht ganz unabhängig vom jeweiligen Zusammenhang eine hohe Wahrscheinlichkeit für das naheliegendste Urteil: *starke Frau*. Die auf solche Weise beschworene Entschiedenheit all der starken Frauen offenbart allerdings nicht etwa, wie unfassbar feministisch vorangeschritten unsere Gesellschaft ist. Im Gegenteil. Dass wir für Frauen, die tun, was Männer schon immer tun durften, einen eigenen Begriff benötigen, entlarvt stattdessen, dass wir Frauen unterschwellig generell als unterlegen, eben als *zart* wahrnehmen. De Beauvoir diagnostizierte diesen doppelten Maßstab schon 1949. Über lesbische Frauen, in der veralteten deutschen Übersetzung »die Lesbierin«, schrieb sie: »Sobald sie sich als menschliches Wesen benimmt, heißt es daher, sie identifiziere sich mit dem Mann. […] Das große Missverständnis, auf dem dieses Interpretationssystem beruht, besteht in der Annahme, daß es für das weiblichen Menschenwesen *natürlich* sei, eine *feminine* Frau aus sich zu machen.«[89] Eine Frau, die die Sehnsucht nach stereotyp weiblichen Eigenschaften nicht befriedige, werde also als unauthentisch-männliche Ausnahme dargestellt, wenn nicht gar pathologisiert.

Genau dieser Irrglaube begleitet auch die Idee von der starken Frau, bloß dass sie hier von der sexuellen Orientierung losgelöst ist. Die Idee ist durch ein großes *Obwohl* gekennzeichnet. *Obwohl* diese Frau eine Frau ist, ist sie stark, und diese Zuschreibung gilt zumeist nur für bestimmte Frauen: Stark sind sie nur, wenn sie sich in die männliche Sphäre der Macht begeben – was eben stillschweigend noch immer als außergewöhnlich gilt. Eine Frau hingegen, die ihr Geld im Niedriglohnsektor verdient, ist dieser Logik zufolge nicht stark, sondern bemitleidenswert. So legen jene, die Frauen wohlwollend das Qualitätssiegel der starken Frau anheften, den Maßstab eines kapitalistisch geprägten Leistungsprinzips an: Als stark gilt allein, was mit Erfolg, Macht und Autonomie zusammenhängt.

Das Sprechen über starke Frauen feiert dabei Individuen, anstatt Missstände zu kritisieren, die Frauen allgemein weiterhin benachteiligen. So fügt es sich perfekt in eine Zeit ein, in der es zwar *theoretisch* allen möglich sein soll, im Sinne der Chancengleichheit zu erreichen, was auch immer man erreichen möchte – in der *praktisch* jedoch die neoliberale Agenda vieler Staaten genau das verhindert (oftmals brauchen prekär lebende Menschen eher Geld, Sicherheit oder schlichtweg einen Job als der Starke-Frauen-Logik folgend *Chancen,* die sie *stark* ergreifen und durchfighten könnten). Wer starke Frauen abfeiert, redet dabei die Umstände klein, unter denen eben nicht alle die gleichen Voraussetzungen haben, weil materielle Ungleichheiten, rassistische Strukturen und patriarchale Muster Lebensläufe radikal unterschiedlich prägen – und sieht lediglich diejenigen, die nur vermeintlich ausreichend gekämpft haben.

Mit der starken Frau, diesem verzerrten Spiegelbild der *zarten* Frau, bin ich kurz vor Ende dieses Buches wieder beim Potenzfeminismus angekommen: der Idee eines feministischen Kampfes, der weniger für eine gerechte Gesellschaft als lediglich für individuelle weibliche Ermächtigung steht. Einer Holly Golightly, einer kichernden Feministin namens H. würden potenzfeministische Stimmen zurufen, dass sie sich gefälligst *empowern* sollten – aber nicht nur die internalisierten weiblichen Wünsche danach, *zart* zu sein, sondern auch das riesige Panoptikum tief in unserer Gesellschaft verankerter Zuschreibungen an Frauen gestalten das persönliche Lossagen ausgesprochen schwer.

Doch von all diesen geschlechtlichen Bedeutungen einmal abgesehen: Ist *Zartheit* nicht eigentlich ein schöner Modus, um sich durch die Welt zu bewegen? »Im Zweifel für Verzärtelung / Und für meinen Knacks / Für die äußerste Zerbrechlichkeit / Für einen Willen wie aus Wachs«, singt Dirk von Lotzow in Tocotronics *Im Zweifel für den Zweifel*, und natürlich lässt sich das leicht als Softboy-Lyrik abtun: Wem stets ein Wille zugestanden wird, der kann ihn schließlich lässig zu Wachs verformen wollen. Und dennoch: Könnte es nicht ein befreiendes Potenzial bergen, *zart* zu sein? Genau wie auch die Attribute *sanft* und *süß* ohne ihren ausbeuterischen Beigeschmack erstrebenswert wären?

Ich habe früher viel über Lippenstift nachgedacht. Meine Mutter hatte in ihrem Spiegelschrank eine beeindruckende Sammlung aller Farben von Korallenrot bis Rosenholz, durch die ich mich als Kind mit großem Eifer durchprobierte. Als ich mir mit fünfzehn *Sexism-sucks*-Sticker auf mein Hausaufgabenheft klebte, erschien mir Lippenstift plötzlich unfeministisch. Aber als ich mit achtzehn ein Praktikum an einem Berliner Theater machte, fiel mir auf, dass sich ausnahmslos alle Frauen, wenn sie Abenddienst hatten, die Lippen knallrot schminkten. Ich beobachtete das einige Wochen, dann fragte ich die Theaterpädagogin, dir mir recht wenig make-up-affin erschien, warum das so sei. Sie schaute mich ernst an und sagte nur: »Mit Lippenstift hat man mehr Autorität.« Ich glaubte ihr sofort.

Verschiedenste feministische Strömungen haben vermeintlich weibliche Attribute oftmals abgelehnt. Sorgearbeit galt dann als rückständig, High-Heels-Tragen als devot. Mit allen nur denkbaren dieser Attribute sollte es jedoch genau umgekehrt so sein wie mit meiner veränderten Perspektive auf Lippenstift: Sie sollten als *eine* Möglichkeit *für alle* radikal aufgewertet werden. So wie alle Menschen Korallenrot tragen können sollten, sollten *sanfte*, *süße* und *zarte* Verhaltensweisen weder als reaktionär noch als geschlechtsspezifisch gelten. Während sie als bindende Voraussetzungen für erfolgreich gelebte Weiblichkeit zutiefst einschränkend sind, können sie als *universelle* Möglichkeiten aller Geschlechter Leitideen für ein feministisches Menschenbild der Zukunft bieten. Aber diese Utopie ist nur möglich, wenn wir die Teilung unserer Welt in vermeintlich gegensätzliche Sphären überwinden – indem wir *zarte* Fäden zwischen den uns umgebenden Binaritäten spinnen und uns entlang dieser Fäden aus patriarchalem Denken heraushangeln.

EPILOG

Ja, Zuckererbsen für jedermann,
Sobald die Schoten platzen!
Den Himmel überlassen wir
Den Engeln und den Spatzen.

Und wachsen uns Flügel nach dem Tod,
So wollen wir euch besuchen
Dort oben, und wir, wir essen mit euch
Die seligsten Torten und Kuchen.

HEINRICH HEINE (1844): DEUTSCHLAND – EIN WINTERMÄRCHEN[1]

»Zieh nach London, ändere dein Leben«, rät George in Tom Fords Film *A Single Man* seiner langjährigen besten Freundin Charley. Nach einigen Gin Tonics sitzen die beiden auf dem cremefarbenen Sofa in Charleys elegantem Sechziger-Jahre-Wohnzimmer. »Und wenn du als Frau nicht glücklich bist, dann ändere die Rolle.«

Ich habe in diesem Buch gezeigt, dass es leider nicht so einfach ist, wie es der gutsituierte Collegeprofessor George – und oft genug auch das Denken unserer Gegenwart vorschlägt. *Die Rolle ändern*: Schön wär's, wenn wir alle leichthin all die süßlich klebrige Ideologie von uns streifen könnten, die nicht nur unsere persönlichen Erfahrungen, sondern auch unsere gesellschaftlichen Realitäten prägt. Von feministischen Texten wird oft erwartet, dass sie Lösungen anbieten, Erziehungstipps, Selbstliebestrategien, Empowerment-Parolen. Ich werde dieses

Buch aber nicht zum Schluss mit verhaltenstherapeutischem Topping für einen besseren feministischen Lifestyle garnieren, denn: Feminismus ist weniger eine individuelle Entscheidung als vielmehr eine politische Aufgabe.

Die drei in diesem Buch beschriebenen Figuren sind historisch gewachsen. Sie entstammen der binären Teilung in Lohn- und Sorgearbeit, in Verfügung und Verfügbarkeit, in öffentliche und private Sphäre. Sie wurden in jahrhundertelang tradierten patriarchalen und kolonialistischen Mythen und Erzählungen rund um sogenannte Weiblichkeit festgeschrieben – und wirken als Ausdruck eines *Phantombesitzes* bis in unsere Gegenwart fort. Sie liefern das Fundament dafür, dass Frauen schlechter bezahlt werden und wie selbstverständlich die Drecksarbeit machen, dass sie zugleich als sexuell vulnerabel und verfügbar gelten, dass ihnen weiterhin weniger Kompetenz und Mündigkeit zugestanden wird. Die Idee der Zweigeschlechtlichkeit bietet den Rahmen für diese Dualismen und naturalisiert, wie sie sich ökonomisch, sexuell und habituell niederschlagen können.

Solange die ihnen zugrundeliegenden Strukturen fortbestehen, werden die Figuren der *sanften, süßen* und *zarten* Frau nicht verschwinden. Der Versuch, sich individuell von ihnen loszusagen, stößt schnell an seine Grenzen: Frauen, die die *sanfte* Rolle ablehnen, tun das oft auf Kosten schlecht bezahlter Sorgearbeiterinnen. Aus der Möglichkeit sexueller Befreiung entsteht schnell eine *süße* Pflicht. Und der girlifizierende Blick rahmt Frauen weiterhin als *zart*, selbst wenn zwecks Konturierung einzelne als stark gelten dürfen. Was müsste passieren, um diese Figuren abzuwracken? Wie müsste eine Welt aussehen, in der alle Menschen *sanft, süß* und *zart* sein können?

Ein Feminismus, der nicht bei der individuellen Verantwortung, sondern bei den Ursachen der sozialen Benachteiligung von Frauen ansetzt, muss grundsätzlich beginnen, unser Denken zu hinterfragen – ein Denken, das auf zweigeschlechtlichen Grundlagen gebaut ist, auf männlichen Maßstäben und Bedürfnissen. »Die Macht der männlichen Ordnung zeigt sich an dem Umstand, daß sie der Rechtfertigung nicht bedarf«, schrieb der französische Soziologe Pierre Bourdieu. »Die androzentrische Sicht zwingt sich als neutral auf und muß sich nicht in legitimatorischen Diskursen artikulieren.«[2]

Doch unsere Gesellschaftsordnung ist weder neutral noch legitim. Die Covid-19-Pandemie hat gezeigt, wie zentral Fürsorge für unser Miteinander ist – und wie gewaltsam die neoliberale Aushöhlung des Gesundheitswesens sie gleichzeitig verunmöglicht. Sie hat gezeigt, wie sehr Menschen aufeinander angewiesen, wie eng gesellschaftliche Abläufe miteinander verwoben sind. Sie hat gezeigt, dass die Politik zwar das Privatleben einzuschränken, nicht aber die profitorientierte Produktion von Gütern zu stoppen vermochte. Sie hat die Brutalität einer Klassengesellschaft offengelegt, in der manche ihre Existenz verloren, während sich andere am Ausnahmezustand bereicherten. Und sie hat gezeigt, dass es im Zweifelsfall vor allem Frauen sind, die als unbezahlte oder schlecht bezahlte Care-Arbeiterinnen in einer Krise Elementares leisten. Die Missstände bestanden zwar schon zuvor, aber während der Corona-Krise verschärften sie sich drastisch und wurden auch für diejenigen deutlich sichtbar, die sie zuvor nicht sehen wollten.

Wir befinden uns inmitten von Krisen. Wissenschaftlerinnen rechnen fest mit neuen globalen Pandemien. Die Folgen der Klimakatastrophe sind mittlerweile sogar in Mitteleuropa spürbar. Und die *Krise sozialer Reproduktion*, von der ich im ersten Kapitel gesprochen habe, verschärft sich durch den demografischen Wandel und den Abbau sozialstaatlicher Leistungen rasant.

Alle diese Krisen haben zwei zentrale Gemeinsamkeiten: Sie verstärken zum einen bestehende soziale Ungleichheiten, sei es zwischen Männern und Frauen, zwischen Armen und Reichen, zwischen dem globalen Norden und dem globalen Süden. Und sie lassen sich zum anderen auf einen ähnlichen Ursprung zurückführen: Wie der Kapitalismus auf *sanfte* Sorgearbeit, vorzugsweise unentlohnte, zurückgreift, als sei sie eine natürliche, endlose Ressource, geht er auch mit unserem Planeten so um, als würden Ökosysteme und Rohstoffe keine Grenzen kennen. Was nicht nur zum Anstieg von Treibhausgasen, sondern auch zur Verbreitung von Viren beiträgt – das alles ist innerhalb der Logik einer auf ständigem Wachstum beruhenden Wirtschaftsordnung nicht irrational, sondern notwendig.

Wir haben es also nicht mit voneinander trennbaren Krisen zu tun, sondern vielmehr mit einer gesamtgesellschaftlichen Krise des Kapitalismus, die in verschiedener Weise zum Ausdruck kommt. Und genau daraus folgt: Progressive Kämpfe sind allein nicht zu gewinnen. Ein Feminismus, der eine bessere Zukunft für alle will, muss den Blick weiten und Allianzen mit anderen Bewegungen suchen – weil die Krisen der Gegenwart ihren kapitalistischen Ursprung teilen. Wir müssen fragen, ob es mit dem systemimmanenten Zwang zur Profitmaximierung überhaupt möglich ist, jemanden adäquat zu umsorgen, zu pflegen und zu heilen, ob die gegenwärtige Wirtschaftsordnung überhaupt das Potenzial besitzt, der Zerstörung der Umwelt ernsthaft entgegenzuwirken, ob ohne eine radikale Umverteilung und eine Besteuerung obszönen Reichtums soziale Gerechtigkeit überhaupt nur näherungsweise möglich ist, ob man sich stolz als Einwanderungsgesellschaft bezeichnen kann, wenn täglich Menschen abgeschoben werden, an Europas Außengrenzen sterben, in Schlachthöfen zu unmenschlichen Bedingungen arbeiten oder aber der rassistischen Willkür von Polizei und Verfassungsschutz ausgeliefert sind, ob allgemein benötigte Ressourcen von Pflegeeinrichtungen über Wohnraum bis zu Energieversorgung überhaupt in den Händen privater Unternehmen liegen sollten, ob neben einer Vierzig-Stunden-Woche überhaupt jemals die Chance bestehen kann, ausreichend Zeit für ausreichend Empathie für sich, für andere, für die Welt zu finden.

Ich denke, dass die Antwort auf diese Fragen nur in einer grundlegenden Transformation unserer Gesellschaft bestehen kann. Verantwortung füreinander ins Zentrum zu stellen bedeutet, der kapitalistischen Dreifaltigkeit aus Eigentum, Profit und Wettbewerb die Endlichkeit menschlicher und natürlicher Ressourcen entgegenzusetzen – und diese Ressourcen zum Ausgangspunkt politischen Denkens zu erklären. Wir benötigen eine Transformation, die nicht nur die vergeschlechtlichte Trennung in Lohn- und Sorgearbeit, sondern auch den vermeintlichen Gegensatz von Identitäts- und Klassenpolitik zu überwinden vermag. Was heute oftmals gegeneinander ausgespielt wird, erschien nicht immer unvereinbar: Als das Combahee River Collective, eine US-amerikanische Gruppe von Schwarzen lesbischen Feministinnen, 1974 in seinem berühmten Manifest den Begriff *Identitätspolitik* erstmals verwendete, verstanden die Autorinnen ihn ganz anders, als ihn heutige Wutdebatten rund um Cancel Culture und vermeintliche Sprechverbote zu besetzen versuchen: »Uns ist bewusst, dass die Befreiung aller unterdrückten Völker [sic] sowohl die Zerstörung der politisch-wirtschaftlichen Systeme des Kapitalismus und Imperialismus als auch die Zerstörung des Patriarchats erfordert.«[3]

Knapp ein halbes Jahrhundert später ist der Kapitalismus eskaliert, anstatt dass er zerstört oder auch nur eingehegt worden wäre. Er mag vielleicht im Sinne dessen, was Nancy Fraser als *progressiven Neoliberalismus*[4] bezeichnet, nett und *woke* daherkommen, wenn sich Regierungen und Unternehmen mit LGBTQI-Fahnen, feministischen Slogans und antirassistischen Werbekampagnen schmücken. Konkret stattgefunden hat in den letzten Jahrzehnten jedoch die Verschärfung sozialer Ungleichheiten, die Aushöhlung sozialstaatlicher Versorgung, die Deregulierung der Finanzmärkte – die Implementierung eines Marktliberalismus also, der in seiner Logik von Gewinnerinnen und Verliererinnen rechtsextremem Gedankengut und populistischen Bewegungen fruchtbaren Boden bietet.[5]

Potenzfeministisches Denken schert sich nicht um diese Brutalisierung unserer Gesellschaftsarchitektur. Mit seinem Anspruch, voller Elan allein fürs eigene Vorankommen zu kämpfen, ist es symptomatisch für unsere Gegenwart: In einer Welt, die vielen immer weniger Sicherheit bietet und in der strukturell immer wieder Profitinteressen über menschlichem Wohlergehen stehen, scheint es naheliegend, sich vor allem um sich selbst zu kümmern. Feministin ist man dieser Logik folgend bereits, sobald man sich ausreichend Gedanken um seine Altersvorsorge gemacht und eine wegweisende Entscheidung zum Thema Körperbehaarung getroffen hat.

Bloß bin ich mir sicher: Wir werden weder das Problem ungleich verteilter Sorgearbeit lösen noch unsere Sexualität befreien oder allen Menschen gleichermaßen viel Mündigkeit zutrauen können, wenn wir unsere Gesellschaft nicht fundamental verändern. Keine Ungerechtigkeit ist isoliert zu bekämpfen. Im entfesselten Kapitalismus, wie wir ihn derzeit erleben, ist Gerechtigkeit zwischen den Geschlechtern schlicht unmöglich – genau wie etwa Rassismus und die Ausbeutung unseres Planeten konstitutiv in ihm angelegt sind. »Feminismus wird gewonnen haben, wenn es keine Armut mehr gibt«, schreibt die britische Schriftstellerin Reni Eddo-Lodge dazu.[6]

In diesem Sinne hat Judith Butler vorgeschlagen, *Prekarität* als gemeinsamen Nenner progressiver Kämpfe zu verstehen, also »den politisch bedingten Zustand, in dem bestimmte Teile der Bevölkerung unter dem Versagen sozialer und ökonomischer Unterstützungsnetze mehr leiden«.[7] Prekarität ist eine identitätsübergreifende Kategorie: Prekär lebt die Rentnerin, die ihr Leben lang Kinder großgezogen und ihren Ehemann umsorgt hat, um nach der Scheidung mit ihrer Rente kaum ihr Leben bestreiten zu können. Prekär lebt die Migrantin, die tagsüber Privatwohnungen und nachts Großraumbüros putzt. Prekär lebt die Person, die aufgrund ihres Erscheinungsbildes, ihrer Religion oder ihrer sexuellen Orientierung Gewalt fürchten muss. Prekär lebt der Ehemann, der seine demente Frau pflegt und dafür die Ersparnisse aufbraucht. Prekär lebt die ungewollt Schwangere, die auf dem bayerischen Land keine Ärztin für einen Schwangerschaftsabbruch findet. Prekär lebt die trans Person, die sich die Geschlechtsangleichung nicht leisten kann. Prekär lebt die Hartz-IV-Empfängerin, die zwar alle Abbuchungen auf ihrem Konto rechtfertigen muss, von diesem Konto aber doch nie genügend Geld abbuchen kann. Prekär lebt die Frau, die von ihrem Partner geschlagen wird, ökonomisch jedoch von ihm abhängig ist. Prekär lebt die Familie, die sich die Mieterhöhung kaum leisten kann. Und auch unsere Ökosysteme befinden sich in einem prekären, um nicht zu sagen: desaströsen Zustand.

Betrachtet man Prekarität als Grundlage zukünftiger Kämpfe, entsteht die Vision einer Gesellschaft, die auf die vielfältigen Missstände unserer Gegenwart mit einem *Ethos der Sorge* reagiert. Eine Gesellschaft, in der sich Menschen auf eine soziale Infrastruktur verlassen können, wenn sie erkranken, Kinder bekommen, Angehörige pflegen müssen oder ihre Lohnarbeit verlieren, in der die geschlechtliche Aufgabenteilung nicht vielfach ökonomisch und kulturell gefördert wird, in der Wohnraum kein Spekulationsobjekt, sondern ein Grundrecht ist, in der es einen Mindestlohn gibt, der seinen Namen ernst nimmt, eine Grundsicherung, die ohne Sanktionen auskommt, eine Grundrente, die ihre Bezeichnung verdient. All das sind nur Beispiele, und wer sich jetzt reflexhaft fragt, wie das alles umzusetzen sein könnte, kann ja mal »Vermögenssteuer« googeln. Und »Erbschaftssteuer« gleich hinterher.

Angenommen, wir lebten in einer Welt, in der die einstigen Herrschaftsachsen eine marginale Rolle spielten und in der unter anderem auch all unsere geschlechtlich aufgeladenen Gegensätzlichkeiten überwunden wären: Was würde es bedeuten, *sanft*, *süß* und *zart* zu sein? In ihrem Essay *Puissance de la douceur* entwarf die französische Philosophin Anne Dufourmantelle darauf vor einigen Jahren eine Antwort – der Titel kann mit *Macht der Sanftheit*, aber ebenso mit *Macht der Süße* oder *Macht der Zartheit* übersetzt werden. *Doux* zu sein bedeute, so Dufourmantelle, Dinge und Wesen zu verstehen »in ihrer Unzulänglichkeit, ihrer Zerbrechlichkeit«, – *précarité*, schreibt Dufourmantelle auf Französisch – »ihrer Unreife, ihrer Dummheit. Es bedeutet, sich nicht am Schmerz, am Ausschluss, an der Grausamkeit beteiligen zu wollen und einen Raum für eine empfindsame Menschlichkeit zu schaffen, für eine Beziehung zum anderen, die ihn in seiner Schwäche akzeptiert«.[8] Diese Süße, diese Sanftheit anzutasten, sei wiederum »eine schändliche Straftat, die unsere Zeit im Namen ihrer Gottheiten oft verübt: Effizienz, Schnelligkeit, Rentabilität«.[9]

In einer utopisch herrschaftsfreien Welt hätte *douceur* in allen Bedeutungsfacetten also völlig andere Dimensionen. *Sanft*: für andere so sorgen können, dass das die Bereicherung eines liebevollen Miteinanders und keine zusätzliche Belastung im Produktivitätsalltag ist. *Süß*: sich anderen hingeben, sich verschwenden können und sich dabei vom eigenen Wollen leiten lassen. *Zart*: all die Abhängigkeiten, Widersprüchlichkeiten und Verletzlichkeiten menschlichen Daseins offensiv zulassen.

Meine Vision einer feministischen Zukunft lautet entsprechend: Dolce Vita für alle.

DANK

Ohne die Liebe und Kritik *süßer* Menschen wäre dieses Buch nicht entstanden. Ich danke Aaron Lahl für geduldige und paradoxe Intervention, Isabel Gatzke für ihren strengen Blick, Marlit Seeger für zärtliche Nachbarschaft, Matthias Ubl für alles, Nico Blacha für jedes hinterfragende und aufbauende Wort, Rebecca Fuxen für treue Beratung aus der Ferne und Thomas Nassauer für ausgiebige Walks an der Panke.

Für Unterstützung verschiedenster Art danke ich Anna Riedel, Anne Kratzer, Eliana Kirkcaldy, Hannah Schurian, Julia Meyer, Lilli Strakerjahn und Sophie Meuresch.

Mein Dank gilt außerdem allen Freundinnen, die gemeinsam mit mir nachgedacht, mir ihre Stimme geliehen und mich immer wieder ermuntert haben.

Ich danke meinem Lektor Florian Kessler, dessen präziser Blick und unermüdlicher Enthusiasmus von Anfang an wichtige Katalysatoren für die Entstehung dieses Buchs waren, und Charlotte von Lenthe, deren sorgfältiges Mitlektorat meine sprachlichen *guilty pleasures* entlarvt hat.

Ich danke Frau Rabbata für ihre analytischen Hinweise.

Ich danke meinen Eltern für alles, was sie mir mitgegeben haben: Mut, Geborgenheit und Tlusty-faire.

Und natürlich meiner Oma, deren fröhliche Stimme am Telefon mir Lockdowns und Schreibprozess versüßt hat. Du wirst so fehlen.

ANMERKUNGEN

EINLEITUNG

1 Mary Wollstonecraft (1995 [1792]): *A Vindication of the Rights of Women*. Cambridge: Cambridge University Press, S. 235
2 Wenn ich von *Frauen* schreibe, meine ich alle Menschen, die sich als solche verstehen.
3 In den vergangenen Jahren erlebte der etwas altbacken anmutende Begriff des Patriarchats ein internationales Comeback. Während manche bemängeln, dass das Konzept unterkomplex sei, halten andere dagegen, dass es ein System sichtbar mache, für das es keinen besseren Namen gebe. Ich finde beide Argumente valide und verwende »Patriarchat« darum in Maßen.
4 »Es gibt kein ›Weiblich‹-Sein, das Frauen auf natürliche Weise miteinander verbindet«, schrieb die Historikerin Donna Harraway 1985. »Es gibt nicht einmal den Zustand des Weiblich-›Seins‹. Dieser ist selbst eine hochkomplexe Kategorie, die in umkämpften sexualwissenschaftlichen Diskursen und anderen sozialen Praktiken konstruiert wurde«, vgl. Donna Harraway (1995 [1985]): *Die Neuerfindung der Natur. Primaten, Cyborgs und Frauen*. Frankfurt/Main, New York: Campus, S. 41
5 Natürlich gibt es nicht *den* Potenzfeminismus. Ich meine damit vielmehr verschiedene feministische Strömungen: einen neoliberal geprägten Feminismus, der sich in vorherrschende Verhältnisse einfügt, dabei aber vermeintlich weibliche Attribute zu wichtigen Skills erklärt, ebenso wie einen in den letzten Jahren entstandenen, *woken* Feminismus, der Diskriminierungsverhältnisse benennt, für Quoten und Vereinbarkeiten einsteht – und dabei dennoch an die Eigenverantwortung von Frauen appelliert.
6 Wenn ich hier von Empowerment spreche, meine ich eine bestimmte Verwendung des Begriffs in zeitgenössischen feministischen Diskur-

sen, die mit einem individualisierenden Versprechen einhergeht: Du kannst alles schaffen, wenn du es nur willst! Für die Schwarze Bürgerrechtsbewegung hingegen hatten und haben Empowerment-Ansätze eine andere Bedeutung: Sie sollten eine kollektive Kultur widerständigen Selbstbewusstseins gegen rassistische Unterdrückung fördern. Bis heute bleibt der Empowerment-Begriff in antirassistischen Diskursen wichtig.

7 Diese Vorstellung hat sich längst als liberales Wunschdenken entlarvt, vgl. etwa Christopher Ingraham: *›Trickle-down‹ tax cuts make the rich richer but are of no value to overall economy, study finds.* Washington Post, 23.12.2020, https://www.washingtonpost.com/business/2020/12/23/tax-cuts-rich-trickle-down/

8 Ich verwende in diesem Buch das generische Femininum – mit der weiblichen Form sind also alle Geschlechter gemeint.

9 Natürlich gilt diese Grenze nicht nur für Frauen, sondern ebenso oder zusätzlich für Menschen, die unter Armut leiden, von Rassismus betroffen und auf andere Weise von gesellschaftlicher Teilhabe ausgeschlossen sind.

10 Im Falle des Zitats der CDU-Abgeordnete Philipp Amthor, vgl. Tim Kummer: *Der Schein-Alte.* Spiegel Online, 01.03.2019, https://www.spiegel.de/politik/philipp-amthor-ist-juengster-cdu-bundestagsabgeordneter-der-alte-a-00000000-0002-0001-0000-000162664683

11 Simone de Beauvoir (2018 [1949]): *Das andere Geschlecht.* Aus dem Französischen von Uli Aumüller, Grete Osterwald. Hamburg: Rowohlt, S. 11

12 Zahlreiche Autorinnen haben diese Binarität als westlich-patriarchales und kolonialistisches Phänomen entlarvt, dessen »bedeutendstes Produkt [...] der Eine [sei], der nicht Tier, Barbar oder Frau ist, d. h. der Mann als Autor eines Geschichte genannten Kosmos«, vgl. Harraway, S. 42.

13 Luise Meier (2018): *MRX Maschine.* Berlin: Matthes & Seitz, S. 178

14 Andrea Long Chu (2019): *Females.* New York: Verso, S. 11 (Übersetzung der Autorin)

15 Vgl. Vanessa Vu: *Die unsichtbare Entmenschlichung.* Zeit Online, 30.05.2021, https://www.zeit.de/gesellschaft/2021-05/antiasiatischer-rassismus-corona-diskriminierung-sexismus-atlanta-marco-polo-geschichte

16 Vgl. Ruby Hamad (2020): *White Tears/Brown Scars. How White Feminism Betrays Women of Color.* New York: Catapult, S. 32 ff.
17 Vgl. Hamad, S. 47 ff.
18 Vgl. Angela Davis [1971]: *Reflexionen über die Rolle der Schwarzen Frau*in der versklavten Community.* Aus dem Englischen von Akilah Silke Güç, Luam Belay. In: Natasha A. Kelly (Hg.) (2019): *Schwarzer Feminismus. Grundlagentexte.* Münster: Unrast, S. 27
19 Patricia Hill Collins [2008]: *Die Kraft der Selbstbestimmung.* Aus dem Englischen von Yemisi Babatola, Amora Bosco, Tamara Jendoubi. In: Natasha A. Kelly (Hg.) (2019): *Schwarzer Feminismus. Grundlagentexte.* Münster: Unrast, S. 193
20 Eva von Redecker (2020): *Revolution für das Leben. Philosophie der neuen Protestformen.* Frankfurt/Main: S. Fischer, S. 34 f.
21 Silvia Bovenschen (2016 [1979]): *Die imaginierte Weiblichkeit. Exemplarische Untersuchungen zu kulturgeschichtlichen und literarischen Präsentationsformen des Weiblichen.* Frankfurt/Main: Suhrkamp, S. 11
22 Virginia Woolf (1978 [1928]): *Ein Zimmer für sich allein.* Aus dem Englischen von Renate Gerhardt. Frankfurt/Main: S. Fischer, S. 34

SANFT

1 Jean-Jacques Rousseau (1998 [1762]): Emil oder Über die Erziehung. Aus dem Französischen von Ludwig Schmidts. Paderborn/München: Schöningh, S. 394
2 Etwa 80 Prozent der Tätigen im sogenannten SAHGE-Bereich (Soziale Arbeit, Haushaltsnahe Dienstleistungen, Gesundheit und Pflege, Erziehung) sind weiblich, vgl. *Zweiter Gleichstellungsbericht der Bundesregierung.* Bundesministerium für Familie, Senioren, Frauen und Jugend, 21.06.2017, S. 142, https://www.bmfsfj.de/resource/blob/117916/7a2f8ecf6cbe805cc80edf7c4309b2bc/zweiter-gleichstellungsbericht-data.pdf
3 Die Soziologin Arlie Hochschild prägte den Begriff der *emotionalen Arbeit* in ihrem 1979 erschienenen Buch *Das gekaufte Herz* und wählte darin den Beruf der Flugbegleiterin als zentrales Beispiel, vgl. Arlie Russell Hochschild (2006 [1983]): *Das gekaufte Herz.*

Die Kommerzialisierung der Gefühle. Aus dem Englischen von Ernst von Kardorff. Frankfurt/Main: Campus.

4 Judith Butler ist nicht-binär und möchte verschiedenen Quellen zufolge mit *they* oder dem weiblichen Pronomen adressiert werden.

5 Judith Butler (2019 [1990]): *Das Unbehagen der Geschlechter.* Aus dem Englischen von Kathrina Menke. Frankfurt/Main: Suhrkamp

6 Judith Butler (2018 [2015]): *Anmerkungen zu einer performativen Theorie der Versammlung.* Aus dem Englischen von Frank Born. Berlin: Suhrkamp, S. 44

7 Mirna Funk: *Hört mir auf mit Care-Arbeit.* Pinkstinks, 06.05.2021, https://pinkstinks.de/hoert-mir-auf-mit-care-arbeit/

8 Vgl. Bini Adamczak (2019 [2017]): *Beziehungsweise Revolution. 1917, 1968 und kommende.* Berlin: Suhrkamp, S. 210

9 Kitchen Politics (2015): *Einleitung oder: Anleitung zum Aufstand aus der Küche.* In: Silvia Federici (2015): *Aufstand aus der Küche. Reproduktionsarbeit im globalen Kapitalismus und die unvollendete feministische Revolution.* Münster: Edition Assemblage, S. 20

10 Vgl. Silvia Federici: *Die Reproduktionsarbeit der Arbeitskraft im globalen Kapitalismus und die unvollendete feministische Revolution.* Aus dem Englischen von Max Henninger. In: Silvia Federici (2015): *Aufstand aus der Küche. Reproduktionsarbeit im globalen Kapitalismus und die unvollendete feministische Revolution.* Münster: Edition Assemblage, S. 29 ff.

11 Vgl. Maya Wei-Haas: *Prähistorische Jägerinnen widerlegen alte Geschlechterrollen.* National Geographic, 12.11.2020, https://www.nationalgeographic.de/geschichte-und-kultur/2020/11/praehistorische-jaegerinnen-widerlegen-alte-geschlechterrollen

12 Vgl. Riley Black: *The Many Ways Women Get Left Out of Paleontology.* Smithsonian Magazine, 07.06.2018, https://www.smithsonianmag.com/science-nature/many-ways-women-get-left-out-paleontology-180969239/

13 Vgl. Federici, S. 36 f.

14 Mariarosa Dalla Costa (1972): *Die Frauen und der Umsturz der Gesellschaft.* Aus dem Englischen und Italienischen von Genossinnen aus dem Frauenzentrum Berlin, S. 3, http://www.fau-mannheim.de/wordpress/wp-content/uploads/2015/01/dallacostadiefrauenundderumsturzdergesellschaft.pdf

15 Angela Davis (2019 [1981]): *Women, Race & Class.* London: Penguin Books, S. 213 ff.

16 Vgl. ebd., S. 209

17 Ebd., S. 218

18 Vgl. dazu die Debatte zwischen Alice Schwarzer und den »Lohn-für-Hausarbeit«-Gruppen, Kerstin Wolff: *Hausarbeit als Nebenwiderspruch? Die internationale »Lohn für Hausarbeit«-Debatte der 1970er Jahre in der Bundesrepublik.* In: Bundeszentrale für Politische Bildung (Hg.) (2020): *Care-Arbeit.* Zeitschrift der Bundeszentrale für Politische Bildung, S. 45 f.

19 Vgl. Oliver Nachtwey (2018 [2016]): *Die Abstiegsgesellschaft. Über das Aufbegehren in der regressiven Moderne.* Berlin: Suhrkamp, S. 48

20 Vgl. Gabriele Winker (2015): *Care Revolution. Schritte in eine solidarische Gesellschaft.* Bielefeld: transcript, S. 27 f.

21 bell hooks (2020 [2000]): *Die Bedeutung von Klasse. Warum die Verhältnisse nicht auf Rassismus und Sexismus zu reduzieren sind.* Aus dem Englischen von Jessica Yawa Agoku. Münster: Unrast, S. 118

22 Simone de Beauvoir schrieb schon 1949, Frauen seien »als Geschlecht eigentlich nicht solidarisch, sie sind in erster Linie an ihre Klasse gebunden; die Interessen der Bürgerlichen und die der Proletarierinnen decken sich nicht«, de Beauvoir, S. 169 f.

23 Vgl. Nachtwey, S. 75 f., S. 111

24 Vgl. ebd., S. 76 f.

25 Vgl. Steffen Mau (2020): *Lütten Klein. Leben in der ostdeutschen Transformationsgesellschaft.* Berlin: Suhrkamp, S. 74

26 Der Soziologe Rainer Geißler zitiert nach Mau, S. 74.

27 Eine Scheidung stellte für Frauen in der DDR kein derart großes Armutsrisiko wie in der Bundesrepublik dar – die Partnerwahl war dadurch weniger durch ökonomische Überlegungen motiviert, der Anteil hochgebildeter Frauen, die weniger gebildete Partner heirateten, weitaus höher als im Westen. Ein weiterer Faktor für die hohe Scheidungsrate war wohl das junge Heiratsalter, vgl. Mau, S. 73 ff.

28 Vgl. *Die Lage der Frauen in den östlichen Bundesländern nach 1990.* 14.12.2020, MDR, https://www.mdr.de/zeitreise/schwerpunkte/eure-geschichte/nachwendegeschichte/Frauen-am-Arbeitsmarkt-in-neuen-Bundeslaendern-DDR-BRD-Wende-schulprojekt-eure-geschichte-jung-100.html

29 Vgl. Mau, S. 187 f.

30 Vgl. Winker, S. 62

31 Vgl. Anna Hartmann (2020): *Entsorgung der Sorge. Geschlechterhierarchie im Spätkapitalismus.* Münster: Westfälisches Dampfboot, S. 9

32 Vgl. Nicole Klinkhammer, Katharina C. Erhard: *Mehr Kinder in Kitas und Kindertagespflege.* Bundeszentrale für politische Bildung, 22.10.2018, https://www.bpb.de/gesellschaft/bildung/zukunft-bildung/278919/ausbau

33 Vgl. Manon Garcia (2021): *Wir werden nicht unterwürfig geboren. Wie das Patriarchat das Leben von Frauen bestimmt.* Aus dem Französischen von Andrea Hemminger. Berlin: Suhrkamp, S. 26

34 Bettina Haidinger, Käthe Knittler (2019): *Feministische Ökonomie. Eine Einführung.* Wien: Mandelbaum, S. 73

35 Haidinger, Knittler, S. 73 f.

36 Der Ökonom Jean Gardiner zitiert nach Haidinger und Knittler, S. 74.

37 Martin Schröder: *Denn sie wissen, was sie tun.* DIE ZEIT 48/2020, https://www.zeit.de/2020/48/frauenquote-gleichberechtigung-fuehrungspostionen-karriere-gender-pay-gap

38 Ebd.

39 Vgl. Jutta Allmendinger, Julia Haarbrücker (2013): *Lebensentwürfe heute. Wie junge Frauen und Männer in Deutschland leben wollen.* https://bibliothek.wzb.eu/pdf/2013/p13-002.pdf

40 2020 leitete die Technische Universität Darmstadt aufgrund von Plagiatsverdacht ein Disziplinarverfahren gegen Cornelia Koppetsch ein, die dort als Professorin beschäftigt ist. In zwei von Koppetsch publizierten Büchern und vier Aufsätzen waren Verstöße gegen gute wissenschaftliche Praxis gefunden worden. Die hier zitierte Studie ist nicht betroffen.

41 Cornelia Koppetsch, Sarah Speck (2015): *Wenn der Mann kein Ernährer mehr ist.* Berlin: Suhrkamp

42 Es wäre trotzdem irreführend, sich die Hauptverdienerinnen als arrivierte Businessfrauen mit straightem Karriereplan vorzustellen: Frauen sind vor allem in Familien mit niedrigem Einkommen die Ernährerinnen. Im Jahr 2007 hatten 31 Prozent der Hauptverdienerinnen einen Nettolohn von maximal 900 Euro, vgl. *Frauen tragen mehr zum Familieneinkommen bei.* ZEIT ONLINE, 06.01.2019, https://www.zeit.de/arbeit/2019-01/hauptverdienerinnen-paare-einkommen-geichstellung-karriere

43 Vgl. Koppetsch, Speck, S. 136

44 Vgl. ebd., S. 99

45 Ebd., S. 86

46 Vgl. ebd., S. 73 f.

47 Ebd., S. 90

48 Ebd., S. 155

49 Kleiner Exkurs zu einem weiteren *Gap:* Der *Gender Health Gap* bezeichnet die Tatsache, dass der männliche Körper in der Medizin als Norm gilt – und Krankheitssymptome und Medikamentenunverträglichkeiten bei Frauen oftmals unerkannt bleiben. Klassische Pointe: Während sich Frauen *sanft* um die Gesellschaft kümmern, kümmert sich die Gesellschaft, in diesem Fall das Gesundheitswesen, nicht ausreichend zurück.

50 Da der »bereinigte« *Gender Wage Gap* nur alle vier Jahre berechnet wird, habe ich 2018 als Vergleichsjahr gewählt.

51 Vgl. Dietmar Hobler, Svenja Pfahl (2020): *Gender Pay Gap 2006-2019*. Wirtschafts- und Sozialwissenschaftliches Institut, https://www.wsi.de/data/wsi_gdp_EK-PayGap-01.pdf

52 Vgl. *Gender Pay Gap 2019: Verdienstunterschied zwischen Männern und Frauen erstmals unter 20 %*. Statistisches Bundesamt, 08.12.2020, https://www.destatis.de/DE/Presse/Pressemitteilungen/2020/12/PD20_484_621.html

53 Vgl. Haidinger, Knittler, S. 118

54 Ebd., S. 101

55 Daran wird auch die Grundrente, die seit dem 1. Januar 2021 gilt, nicht viel ändern: Erst wer mindestens 33 Jahre Rentenbeiträge eingezahlt hat, erhält einen Zuschlag. Berechnungen des Max-Planck-Instituts ergaben, dass 24 Prozent aller von Armut betroffenen Rentnerinnen und Rentner als nicht förderberechtigt gelten – sie haben schlicht nicht lang genug gearbeitet, vgl. *Am Ziel vorbei: Grundrente schafft neue Ungerechtigkeiten*. Max-Planck-Institut für Sozialrecht und Sozialpolitik, 09.02.2021, https://www.mpisoc.mpg.de/newsroom/meldungen/detail/announce/am-ziel-vorbei-grundrente-schafft-neue-ungerechtigkeiten/

56 Die österreichische Pfarrerin Clarissa Breu beschreibt, dass sich die Schilderungen über verstorbene Frauen in Trauergesprächen stets stark ähneln. In diesen Gesprächen habe sich ihr Eindruck verfestigt, so schreibt sie, »dass es sich um eine Generation von

Frauen handelt, die wenige Hobbys, wenige Interessen, wenige markante Eigenschaften zu haben scheint, weil ihr ganzes Tun und Wirken den Kindern gewidmet ist«, vgl. Clarissa Breu: *Die Frau ohne Eigenschaften.* https://anschlaege.at/die-frau-ohne-eigenschaften/

57 Vgl. Bundesministerium für Familie, Senioren, Frauen und Jugend: *Gender Care Gap – ein Indikator für die Gleichstellung.* www.bmfsfj.de, 27.08.2019, https://www.bmfsfj.de/bmfsfj/themen/gleichstellung/gender-care-gap/indikator-fuer-die-gleichstellung/gender-care-gap-ein-indikator-fuer-die-gleichstellung-137294

58 Ebd.

59 Vgl. Wolff, S. 42

60 So formulierte es Hillary Clinton im US-amerikanischen Fernsehen: https://www.youtube.com/watch?v=8EGranwN_uk

61 Vgl. Gemma Hartley (2018): *Fed Up. Emotional Labor, Women, and the Way Forward.* New York: HarperOne, S. 147

62 Vgl. Kendra Nordin: *As campaign crumbles, 2016 presidential cookie contest commences.* The Christian Science Monitor, 19.08.2016, https://www.csmonitor.com/The-Culture/Food/Stir-It-Up/2016/0819/As-campaign-crumbles-2016-presidential-cookie-contest-commences

63 Vgl. Emily Heil: *The traditional presidential cookie contest is off — but many ›first lady recipes‹ have long been bogus.* Washington Post, 01.09.2020, https://www.washingtonpost.com/news/voraciously/wp/2020/09/01/the-traditional-presidential-cookie-contest-is-off-but-first-lady-recipes-have-long-been-lies/

64 Vgl. Jessa Crispin (2018 [2017]): *Warum ich keine Feministin bin. Ein feministisches Manifest.* Aus dem Englischen von Conny Lösch. Berlin: Suhrkamp, S. 31

65 Vgl. Federici, S. 27

66 Vgl. Heather Brown (2021 [2012]): *Geschlecht und Familie bei Marx.* Aus dem Englischen von Christian Frings. Berlin: Karl Dietz Verlag, S. 19

67 Haidinger, Knittler, S. 70

68 Zitiert nach von Redecker, S. 181

69 Vgl. ebd., S. 181

70 Vgl. Barbara Thiessen: *»Entlastet von häuslichen Pflichten«. Ein trügerisches Emanzipationsideal.* In: Armin Nassehi, Peter Felix-

berger (Hg.) (2017): *Frauen II*. Kursbuch 192. Hamburg: Kursbuch Kulturstiftung, S. 66

71 zitiert nach Haidinger und Knittler, S. 25

72 Vgl. Haidinger, Knittler, S. 18

73 Vgl. Wendy Brown (2018 [2015]): *Die schleichende Revolution. Wie der Neoliberalismus die Demokratie zerstört*. Aus dem Englischen von Jürgen Schröder. Berlin: Suhrkamp, S. 34 f.

74 Schließlich hat sich ein gewisses Maß an kommunikativen Fähigkeiten im »emotionalen Kapitalismus«, wie die Soziologin Eva Illouz ihn nennt, durchgesetzt und ist auch für Männer zur Norm geworden, vgl. Eva Illouz (2012 [2006]): *Gefühle in Zeiten des Kapitalismus. Frankfurter Adorno-Vorlesungen 2004*. Frankfurt/Main: Suhrkamp, S. 29 f.

75 Ulrich Bröckling (2019 [2007]): *Das unternehmerische Selbst. Soziologie einer Subjektivierungsform*. Frankfurt/Main: Suhrkamp, S. 283

76 Im Gegenteil: Sie verträgt sich sogar blendend mit einer feministischen Ausprägung spätkapitalistischer Couleur. Junge, gut ausgebildete Frauen unterschiedlichster Hintergründe sehen sich »mit der Forderung konfrontiert, als ökonomisch aktive Staatsbürgerinnen zu agieren«, formuliert es die britische Kommunikationswissenschaftlerin Angela McRobbie. »Die gefällige, lebhafte, kompetente und anständige junge Frau – Schwarze, Weiße oder Asiatin – ist nun die attraktive Vorbotin der sozialen Transformation«, vgl. Angela McRobbie (2016 [2008]): *Top Girls. Feminismus und der Aufstieg des neoliberalen Geschlechterregimes*. Aus dem Englischen von Carola Pohlen, Katharina Voß, Michael Wachholz. Wiesbaden: Springer Fachmedien, S. 81.

77 Wie es auf der Seite von Working Moms, einem Netzwerk berufstätiger Mütter, heißt, vgl. https://workingmoms.de/index.php/ueber-uns/der-verein/.

78 Vgl. Heike Buchter: *Wie Frauen durch Corona verlieren*. ZEIT ONLINE, 12.10.2020, https://www.zeit.de/politik/ausland/2020-10/corona-usa-arbeitslosigkeit-frauen-gleichberechtigung

79 Vgl. Helma Lutz, Ewa Palenga-Möllenbeck: *Das Care-Chain-Konzept auf dem Prüfstand*. Heinrich Böll Stiftung, 03.03.2014, https://www.boell.de/de/2014/03/03/das-care-chain-konzept-auf-dem-pruefstand

80 *Die Sauberfrauen. Putzen ist ihr Leben.* ZDF, 04.12.2020, https://www.zdf.de/dokumentation/37-grad/37-die-sauberfrauen-100.html

81 Vgl. Ines Schwerdtner: *Susis Mädels.* In: *Jacobin* 01/2020, S. 52 ff.

82 Cinzia Arruzza, Tithi Bhattacharya, Nancy Fraser (2019): *Feminismus für die 99 %. Ein Manifest.* Aus dem Englischen von Max Henninger. Berlin: Matthes & Seitz, S. 93

83 Thiessen, S. 64

84 Hartmann, S. 10

85 Arruzza, Bhattacharya, Fraser, S. 34

86 David Graeber (2020 [2018]): *Bullshit-Jobs. Vom wahren Sinn der Arbeit.* Aus dem Englischen von Sebastian Vogel. Stuttgart: Klett-Cotta, S. 18

87 Im Juni 2021 erneuerte der Bundestag im Rahmen der Pflegereform die Bezahlung von Altenpflegerinnen: Ab September 2022 sollen nur noch diejenigen Pflegeanbieter Geld von den Pflegekassen erhalten, die ihre Angestellten nach Tarif bezahlen, vgl. Sandra Stalinski: *Was bringt die Pflegereform?* Tagesschau, 11.06.2021, https://www.tagesschau.de/inland/innenpolitik/pflegereform-faq-103.html

88 Die Psychotherapeutin Angelika Grubner beobachtet diesen Reflex bei ihren Patientinnen und versteht ihn als symptomatisch dafür, »dass Eigenschaften oder Verhaltensweisen wie Anteilnahme, Einfühlungsvermögen, Verständnis und soziale Verantwortung […] oftmals als Hemmnisse wahrgenommen werden«, vgl. Angelika Grubner (2017): *Die Macht der Psychotherapie im Neoliberalismus. Eine Streitschrift.* Wien: Mandelbaum, S. 49.

89 Die Organisatorinnen des Streiks an der Berliner Charité im Jahr 2017 beugten diesem Zwiespalt vor, indem sie die Niederlegung der Arbeit Tage im Voraus ankündigten – und die Verantwortung für die Patientinnen so der Klinikleitung überließen, vgl. Julia Fritzsche (2019): *Tiefrot und radikal bunt. Für eine neue linke Erzählung.* Hamburg: Nautilus, S. 30.
Nicht nur im Gesundheitswesen, sondern auch im Reinigungsgewerbe und unter Erzieherinnen kam es in den vergangenen Jahren vermehrt zu Streikaktionen, vgl. Nachtwey, S. 194 ff.

90 Gabriele Winker (2021): *Solidarische Care-Ökonomie. Revolutionäre Realpolitik für Care und Klima.* Bielefeld: transcript, S. 160 f.

91 Vgl. Hannah Arendt (2020 [1958]): *Vita activa oder Vom tätigen*

Leben. Aus dem Englischen von der Autorin selbst. München: Piper; Martha C. Nussbaum (2020 [1988]): *Gerechtigkeit oder Das gute Leben.* Aus dem Englischen von Ilse Utz. Frankfurt/Main: Suhrkamp; Judith Butler (2020): *Die Macht der Gewaltlosigkeit.* Aus dem Englischen von Reiner Ansén. Berlin: Suhrkamp.

92 Nussbaum, S. 193 f.

SÜSS

1 Sally Rooney (2019 [2017]): *Gespräche mit Freunden.* Aus dem Englischen von Zoë Beck. München: Luchterhand, S. 249 f.

2 Antonia Baum: *Setzen Sie sich!* In: Lina Muzur (Hg.) (2018): *Sagte sie. 17 Erzählungen über Sex und Macht.* Berlin: Hanser Berlin, S. 14

3 Long Chu, S. 11

4 Eva Illouz (2018): *Warum Liebe endet. Eine Soziologie negativer Beziehungen.* Aus dem Englischen von Michael Adrian. Berlin: Suhrkamp, S. 100 f.

5 Sex and the City, 1. Staffel, 1. Folge

6 Vgl. Illouz, S. 116 f.

7 Annie Ernaux (2018 [2016]): *Erinnerungen eines Mädchens.* Aus dem Französischen von Sonja Finck. Berlin: Suhrkamp, S. 17

8 Und sicher nicht nur im *Schwanensee*: Die US-amerikanische Soziologin Lisa Wade stellte 2017 in ihrer Studie *American Hookup: The New Culture of Sex on Campus* fest, dass Männer auf amerikanischen Campuspartys ihre sexuellen Absichten dadurch zum Ausdruck bringen, dass sie Frauen von hinten mit ihrem Penis streifen. Eine Praxis, die Distanz wahrt: »Da sich Männer Frauen im Allgemeinen von hinten nähern, ist einer Frau die Identität des Mannes, dessen Penis ihren Po berührt, völlig unbekannt.« (Zitiert nach Illouz, S. 104)

9 Nina Power (2011 [2009]): *Die eindimensionale Frau.* Aus dem Englischen von Anna-Sophie Springer. Berlin: Merve, S. 59 f.

10 Vgl. ebd., S. 58 f.

11 Sigmund Freud [1926]: *Die Frage der Laienanalyse. Unterredungen mit einem Unparteiischem.* In: Sigmund Freud (1976 [1948]): *Gesammelte Werke. Vierzehnter Band. Werke aus den Jahren 1925–1931.* Frankfurt/Main: S. Fischer, S. 241

12 Vgl. beispielsweise Franz X. Eder: *Die lange Geschichte der »Sexuellen Revolution« in Westdeutschland (1950er bis 1980er Jahre)*. In: Peter-Paul Bänziger, Magdalena Beljan et al. (Hg.) (2015): *Sexuelle Revolution? Zur Geschichte der Sexualität im deutschsprachigen Raum seit den 1960er Jahren*. Bielefeld: transcript, S. 48 f.

13 Konsumkultur und sexuelle Befreiung hätten, so schreibt Eva Illouz, »in gleichförmiger Weise das Selbst, die Sexualität und das Privatleben zu Hauptorten der Bildung und der Identität« gemacht, vgl. Illouz (2012). Vgl. auch Christa Binswanger (2020): *Sexualität – Geschlecht – Affekt. Sexuelle Scripts als Palimpsest in literarischen Erzähltexten und zeitgenössischen theoretischen Debatten*. Bielefeld: transcript, S. 226

14 Vgl. Franz X. Eder: *Die lange Geschichte der »Sexuellen Revolution« in Westdeutschland (1950er bis 1980er Jahre)*. In: Peter-Paul Bänziger, Magdalena Beljan et al. (Hg.) (2015): *Sexuelle Revolution? Zur Geschichte der Sexualität im deutschsprachigen Raum seit den 1960er Jahren*. Bielefeld: transcript, S. 38 f.

15 Vgl. Dagmar Herzog (2005): *Die Politisierung der Lust. Sexualität in der deutschen Geschichte des 20. Jahrhunderts*. Aus dem Englischen von Ursel Schäfer, Anne Emmert. München: Siedler, S. 187

16 Zitiert nach Pascal Eitler: *Die »Porno-Welle« Sexualität, Seduktivität und die Kulturgeschichte der Bundesrepublik*. In: Peter-Paul Bänziger, Magdalena Beljan et al. (Hg.) (2015): *Sexuelle Revolution? Zur Geschichte der Sexualität im deutschsprachigen Raum seit den 1960er Jahren*. Bielefeld: transcript, S. 87

17 Vgl. Eder, S. 48

18 Theodor W. Adorno (2013 [1977]): *Sexualtabus und Recht heute*. In: *Gesammelte Schriften, Band 10.2: Kulturkritik und Gesellschaft II*. Frankfurt/Main: Suhrkamp, S. 534

19 Ebd., S. 534

20 Vgl. Herzog, S. 191

21 Vgl. Luc Boltanski, Ève Chiapello: *Die Arbeit der Kritik und der normative Wandel*. In: Christoph Menke, Juliane Rebentisch (Hg.) (2016 [2012]): *Kreation und Depression. Freiheit im gegenwärtigen Kapitalismus*. Berlin: Kulturverlag Kadmos, S. 29

22 Peter Sloterdijk im Interview mit Michael Klonovsky: *»Die Freigabe aller Dinge«*. Focus, 31/2005, S. 51 f.

23 Vgl. Peter Sloterdijk im Interview mit Sven Michaelsen, David Pfei-

fer, Vera Schroeder: *Guter Sex braucht Freiheit*. Süddeutsche Zeitung, 16.09.2016, https://www.sueddeutsche.de/politik/peter-sloterdijk-im-interview-guter-sex-braucht-freiheit-1.3165639

24 Vgl. Volkmar Sigusch (2005): *Neosexualitäten. Über den kulturellen Wandel von Liebe und Perversion*. Frankfurt/Main: Campus, S. 28

25 Sigusch, S. 28

26 Zitiert nach Rona Torenz (2019): *Ja heißt Ja? Feministische Debatten um einvernehmlichen Sex*. Stuttgart: Schmetterling, S. 26

27 Gabriele Dietze (2017): *Sexualpolitik. Verflechtungen von Race und Gender*. Frankfurt/Main: Campus, S. 133

28 Vgl. Heinz Bude (2018): *Adorno für Ruinenkinder. Eine Geschichte von 1968*. München: Hanser, S. 12

29 Imke Schmincke: *Sexualität als »Angelpunkt der Frauenfrage«? Zum Verhältnis von sexueller Revolution und Frauenbewegung*. In: Peter-Paul Bänziger, Magdalena Beljan et al. (Hg.) (2015): *Sexuelle Revolution? Zur Geschichte der Sexualität im deutschsprachigen Raum seit den 1960er Jahren*. Bielefeld: transcript, S. 204

30 Torenz, S. 28

31 Nicht Emanzipation, sondern die Sehnsucht nach *Erfahrungen*, »nach einem ganz Anderen, das in jeder Fixierung verraten scheint«, sei der Motor der siebziger Jahre gewesen, schrieb der Soziologe Michael Rutschky in seinem Essay *Erfahrungshunger*. Dabei sei es um Erfahrungen der Selbstfindung, der ekstatischen Wahrnehmung, des Ausbruchs aus gefestigten Rollen gegangen, vgl. Michael Rutschky (1980): *Erfahrungshunger. Ein Essay über die siebziger Jahre*. Köln: Kiepenheuer & Witsch, z. B. S. 53, S. 58.

32 Schmincke, S. 209 ff.

33 Vgl. Eva Illouz (2011 [1997]): *Die Errettung der modernen Seele. Therapien, Gefühle und die Kultur der Selbsthilfe*. Aus dem Englischen von Michael Adrian. Frankfurt/Main: Suhrkamp, S. 208 f.

34 Kristen R. Ghodsee (2019 [2018]): *Warum Frauen im Sozialismus besseren Sex haben. Und andere Argumente für ökonomische Unabhängigkeit*. Aus dem Englischen von Richard Barth, Ursel Schäfer. Berlin: Suhrkamp

35 Bebel schrieb 1879: »Die Frau der neuen Gesellschaft ist sozial und ökonomisch vollkommen unabhängig, sie ist keinem Schein von Herrschaft und Ausbeutung mehr unterworfen, sie steht dem Manne

als Freie, Gleiche gegenüber und ist Herrin ihrer Geschicke. […] In der Liebeswahl ist sie gleich dem Manne frei und ungehindert. Sie freit oder läßt sich freien und schließt den Bund aus keiner anderen Rücksicht als auf ihre Neigung.« Vgl. August Bebel (2016 [1879]): *Die Frau und der Sozialismus*. Hamburg: Severus, S. 524 f.

36 Vgl. Ingrid Sharp (2004): *The Sexual Unification of Germany*. In: Journal of the History of Sexuality, 13/3, S. 349

37 Vgl. Paul Betts (2010): *Within Walls. Private Life in the German Democratic Republic*. Oxford: Oxford University Press, S. 103

38 Vgl. Kurt Starke, Konrad Weller (1992): *Differences in Sexual Conduct between East and West German Adolescents before Unification*. Diskussionspapier für die Jahrestagung der International Academy of Sex Research in Prag 1992, zitiert bei Sharp, S. 354

39 Vgl. Christian Könne (2018): *Schwule und Lesben in der DDR und der Umgang des SED-Staates mit Homosexualität*. Bundeszentrale für politische Bildung, https://www.bpb.de/geschichte/zeitgeschichte/deutschlandarchiv/265466/schwule-und-lesben-in-der-ddr

40 Vgl. Ann-Judith Rabenschlag (2016): *Arbeiten im Bruderland. Arbeitsmigranten in der DDR und ihr Zusammenleben mit der deutschen Bevölkerung*. Bundeszentrale für politische Bildung, https://www.bpb.de/geschichte/zeitgeschichte/deutschlandarchiv/233678/arbeitsmigranten-in-der-ddr

41 Mau, S. 73

42 Vgl. Sharp, S. 350

43 Vgl. ebd., S. 358

44 Vgl. Betts, S. 89 ff.

45 Dies galt nur für Erwachsene, schwuler Kontakt zu Jugendlichen blieb kriminalisiert, seit 1968 galt dies erstmals auch für lesbische Kontakte. Trotz aller Liberalisierung blieb die DDR in ihrer Sexualpolitik ausgesprochen homofeindlich, vgl. Könne.

46 Vgl. Herzog, S. 262

47 Vgl. Sharp, S. 355

48 Vgl. Herzog, S. 264 f.

49 Dabei sei das, »was als sexuelle Befreiung durchgeht, häufig nur ein Recycling kapitalistischer Werte«, schreiben Arruzza, Bhattacharya und Fraser in *Feminismus für die 99 %*. »Neue heterosexuelle Kulturen, die auf einmaligen sexuellen Abenteuern und Onlinedating

beruhen, ermutigen Frauen, von ihrer eigenen Sexualität ›Besitz zu ergreifen‹, fahren aber darin fort, sie nach ihrem Aussehen zu beurteilen und dabei die Kriterien von Männern zugrunde zu legen. Zum ›Selbstbesitz‹ aufrufend, setzen neoliberale Diskurse Mädchen unter Druck, Jungen zu gefallen, und legitimieren damit die sexuelle Selbstsüchtigkeit von Männern auf exemplarisch kapitalistische Weise.« Vgl. Arruzza, Bhattacharya, Fraser, S. 53.

50 Vgl. Sarah Berger: *Neue Technologie, veraltete Anschauung: Sexspielzeug in der Jetztzeit.* In: POP. Kultur & Kritik, 18/2021, S. 56

51 Bodypositivität war nicht immer so konsumerabel, wie es gegenwärtige Instagram-Feeds und die Werbeplakate von Kosmetikherstellerinnen suggerieren: Viele der Fett-Aktivistinnen, die sich in den siebziger Jahren für das einzusetzen begannen, was wir heute Body Positivity nennen, stammten aus Schwarzen Communities, waren von der Bürgerrechtsbewegung inspiriert und verstanden *fatphobia* als Verbindung von Misogynie und Rassismus, vgl. Kelsey Miler: *How Whiteness Killed the Body Positive Movement.* Elemental, 22.06.2020, https://elemental.medium.com/how-whiteness-killed-the-body-positive-movement-4c185773101e; *From New York to Instagram: The history of the body positivity movement.* BBC, https://www.bbc.co.uk/bitesize/articles/z2w7dp3

52 Ohne Geld sei es schließlich schwer, eine zwanglose Beziehung zu führen, sagt die US-amerikanische Journalistin Ariella Thornhill im Interview: »Man ist vielleicht eher besorgt darüber, ob man einen festen Wohnort hat. Und so stützt man sich womöglich auf eine Person, um Ressourcen zu erhalten, oder man lässt sich auf niemanden ein, weil man sich Sorgen macht, wie man dasteht, wenn man keinen Zugang zu einer Dusche oder einer warmen Mahlzeit hat«, vgl. Sarah Leonard: *Good Sex and How We Get It.* Lux Magazine, 01/2021, S. 76. (Übersetzung der Autorin)

53 Illouz, S. 113

54 Jeja Klein: *Hass den Sexismus, aber hab gefälligst Sex!* Supernova Mag, 14.04.2020, https://www.supernovamag.de/hass-den-sexismus-aber-hab-gefaelligst-sex/

55 Marjon Carlos: *The Politics of Being Cardi B.* Elle, 11.08.2020, https://www.elle.com/culture/music/a33537374/cardi-b-interview-september-2020/

56 Alexandria Ocasio-Cortez am 15.08.2020 auf Twitter, https://twitter.com/AOC/status/1294623988656660481

57 Vgl. Jen Gunter: *The Glory (and the Taboo) of ›WAP‹*. New York Times, 18.08.2020, https://www.nytimes.com/2020/08/18/style/wap-cardi-b.html

58 Vgl. James P. Bradley am 07.08.2020 auf Twitter, https://twitter.com/JamesBradleyCA/status/1291735105774522368

59 Vgl. Robert Gebelhoff: *The ›WAP‹ music video controversy that no one is talking about*. Washington Post, 10.08.2020, https://www.washingtonpost.com/opinions/2020/08/10/big-cats-dont-belong-your-music-video-cardi-b/

60 Vgl. Hamad, S. 24 f.

61 Die Journalistin Şeyda Kurt beschreibt, wie Künstlerinnen wie Nicki Minaj und Cardi B »der passiven, bürgerlichen *weißen* Frau das Bild einer aktiven, selbstbewussten und auch sexpositiven Frau« entgegenstellen. WAP gegenüber äußert sie sich jedoch skeptisch: Im Musikvideo werde »Luxus […] als erotische Potenz dargestellt«, vgl. Şeyda Kurt (2021): *Radikale Zärtlichkeit. Warum Liebe politisch ist*. Hamburg: HarperCollins, S. 133.

62 Vgl. Dietze, S. 24

63 Vgl. *Polizeigewalt am Strand von Nizza: Frau muss Burkini ausziehen*. Deutsche Welle, 24.08.2016, https://www.dw.com/de/polizeigewalt-am-strand-von-nizza-frau-muss-burkini-ausziehen/a-19496939

64 Judith Butler (2008): *Sexual politics, torture, and secular time*. The British Journal of Sociology, 59/1, S. 2

65 Michel Foucault (2017 [1976]): *Der Wille zum Wissen. Sexualität und Wahrheit I*. Aus dem Französischen von Ulrich Raulff, Walter Seitter. Frankfurt/Main: Suhrkamp, S. 14

66 Ebd.

67 Ebd., S. 28 f.

68 Kristen Roupenian (2019): *Cat Person. Storys*. Aus dem Englischen von Nella Beljan, Friederike Schilbach. Berlin: Blumenbar, S. 113

69 Ebd., S. 114 f.

70 Ebd., S. 117

71 Pierre Bourdieu (2017 [1998]): *Die männliche Herrschaft*. Frankfurt/Main: Suhrkamp, S. 71

72 Bourdieu, S. 72 f.

73 Denice Bourbon: *Ungrab My Heart*. In: Sonja Eismann, Anna Mayrhauser (Hg.) (2019): *Freie Stücke. Geschichten über Selbstbestimmung*. Berlin: Edition Nautilus, S. 20

74 Vgl. Torenz, S. 142

75 Vgl. Herzog, S. 31

76 Volkmar Sigusch: *Die Zerstreuung des Eros. Über die »neosexuelle Revolution«*. Spiegel, 03.06.1996, S. 126 f.

77 Zhana Vrangalova: *Everything You Need to Know About Consent That You Never Learned in Sex Ed*. Teen Vogue, 18.04.2016, https://www.teenvogue.com/story/consent-how-to

78 Beatrix Roidinger, Barbara Zuschnig (2021): *Sexpositiv. Intimität und Beziehung neu verhandelt*. Berlin: Goldegg, S. 69

79 AStA Universität Hamburg (2013): *Kompass. Gegen sexualisierte Gewalt, für einen besseren Alltag!* S. 26 f., https://www.asta.uni-hamburg.de/3-publikationen-downloads/reader/reader-kompass.pdf

80 Ocean Vuong (2019): *Auf Erden sind wir kurz grandios*. Aus dem Englischen von Anne-Kristin Mittag. München: Hanser, S. 137

81 Vgl. Wendy Hollway: *Gender difference and the production of subjectivity*. In: Julian Henriques, Wendy Hollway et al. (1984): *Changing The Subject: Psychology, Social Regulation and Subjectivity*. New York/London: Routledge, S. 227 f.

82 Vgl. Mithu M. Sanyal (2016): *Vergewaltigung. Aspekte eines Verbrechens*. Hamburg: Edition Nautilus, S. 19 ff.

83 Sophia Zessnik: *Schöner Sex*. ze.tt, 25.11.2020, https://ze.tt/daenische-mini-serie-schoener-sex/

84 Hollway, S. 228 f.

85 Jovana Reisinger (2021): *Spitzenreiterinnen*. Berlin: Verbrecher Verlag, S. 12

86 Vgl. Hollway, S. 230 f.

87 Vgl. Gayle Rubin [1984]: *Thinking Sex: Notes for a Radical Theory of the Politics of Sexuality*. In: Henry Abelove, Michèle Aina Barale, David M. Halperin (1993): *The Lesbian and gay studies reader*. New York/London: Routledge, S. 13 f.

88 Lucy Rubinson: *On TikTok, vanilla-shaming is the new kink-shaming*. i-D, 03.02.2021, https://i-d.vice.com/en_uk/article/88aey4/tiktok-vanilla-shaming-rough-sex-kinkshaming (Übersetzung der Autorin)

89 Vgl. Katherine Angel (2021): *Tomorrow Sex Will Be Good Again. Women and Desire in the Age of Consent.* London/New York: Verso, S. 61 (Übersetzung der Autorin)

90 Ebd., S. 63

91 Courtney Sender: *He Asked Permission to Touch, but Not to Ghost.* New York Times, 07.09.2018, https://www.nytimes.com/2018/09/07/style/modern-love-he-asked-permission-to-touch-but-not-to-ghost.html (Übersetzung der Autorin), vgl. auch Torenz, S. 102

92 Sanyal, S. 172 f.

93 Ebd., S. 175

94 Wie hundert prominente Französinnen im Jahr 2018 behaupteten, vgl. *»Nous défendons une liberté d'importuner, indispensable à la liberté sexuelle«.* Le Monde, 09.01.2018, https://www.lemonde.fr/idees/article/2018/01/09/nous-defendons-une-liberte-d-importuner-indispensable-a-la-liberte-sexuelle_5239134_3232.html

95 Wie der Philosoph Slavoj Žižek befürchtete, vgl. Slavoj Žižek: *Sex, Contracts, and Manners.* The Philosophical Salon, 22.01.2018, https://thephilosophicalsalon.com/sex-contracts-and-manners/

96 Die Notwendigkeit dieser Gesetzesänderung illustrieren die Ergebnisse einer Umfrage, die das schwedische Amt für Kriminalitätsopfer 2018 durchführen ließ. Männer und Frauen wurden danach befragt, wodurch eine Einwilligung zum Sex ausgedrückt wird. Wenn ich jemanden nach Hause begleite – stimmt die Person dann schon der Aussicht zu, dass wir uns gleich durch die Laken wälzen? 17 Prozent der befragten Männer bejahten das, aber nur sieben Prozent der Frauen. Und wenn man nackt nebeneinanderliegt – ist dann alles geklärt? 33 Prozent der Männer stimmten zu, aber nur 16 Prozent der Frauen. Besonders bezeichnend erscheinen die Antworten bezüglich der Akzeptanz des sogenannten Zustimmungsgesetzes: Während es von nur vier Prozent der Frauen abgelehnt wird, sind immerhin 22 Prozent der Männer dagegen. Das heißt: Jeder vierte schwedische Mann hat ein Problem mit einem Paragrafen, der besagt, dass sexuelle Handlungen, die nicht konsensuell verlaufen, nicht mehr als Sex gelten, sondern potenziell als Vergewaltigung. Vgl. Merlind Theile (2019): *Nur Ja heißt Ja.* ZEITmagazin, 29/2019, https://www.zeit.de/zeit-magazin/2019/29/sexualstrafrecht-schweden-zustimmungsgesetz-romantik/

97 Vgl. Ursula K. Le Guin: *Telling is listening*. In: Ursula K. Le Guin (2004): *The Wave in the Mind. Talks and Essays on the Writer, the Reader, and the Imagination*. Boston: Shambala, S. 158

98 Vgl. ebd., S. 159

99 Vgl. Golshan Famide: *»Ich date keine Blondinen«*. Missy Magazine 02/2021, S. 73

100 Paul B. Preciado (2020 [2019]): *Ein Apartment auf dem Uranus. Chroniken eines Übergangs*. Berlin: Suhrkamp, S. 345

101 Die Liste der Passes und Fails findet sich unter https://www.theclittest.com/passes.

102 Judith Halberstam (2011): *The Queer Art Of Failure*. Durham/London: Duke University Press, S. 2 f. (Zum Zeitpunkt der Veröffentlichung hieß Jack Halberstam noch Judith. Übersetzung der Autorin)

103 Audre Lorde [1978]: *Uses of the Erotic*. In: Audre Lorde (2018): *The Master's Tools Will Never Dismantle The Master's House*. London: Penguin, S. 13 (Übersetzung der Autorin)

104 Ebd., S. 13

ZART

1 Johann Wolfgang von Goethe am 2. Januar 1824, zitiert nach Woldemar Freiherr von Biedermann (Hg.) (1890): *Goethes Gespräche, Bd. 5: 1824–1826*. Leipzig: Biedermann, S. 3

2 Bernardine Evaristo. *Mädchen, Frau etc.* Aus dem Englischen von Tanja Handels © 2021 Tropen – J. G. Cotta'sche Buchhandlung Nachfolger GmbH, gegr. 1659, Stuttgart, S. 348

3 vgl. Stephanie Catani (2005): *Das fiktive Geschlecht. Weiblichkeit in anthropologischen Entwürfen und literarischen Texten zwischen 1885 und 1925*. Würzburg: Königshausen & Neumann, S. 107

4 Der Begriff geht auf die Filmtheoretikerin Laura Mulvey zurück, die ihn in ihrem 1975 erschienenen Essay *Visuelle Lust und narratives Kino* prägte.

5 Monique Wittig (2002 [1992]): *The Straight Mind and Other Essays*. Boston: Beacon Press, S. XIII

6 Ute Frevert (1995): *»Mann und Weib, und Weib und Mann«. Geschlechter-Differenzen in der Moderne*. München: Beck, S. 130

7 Vgl. ebd., 69 f.

8 Vor allem Frauen nutzten bis ins 17. Jahrhundert die Möglichkeit des fluiden Geschlechterwandels, um den Einschränkungen eines weiblichen Daseins zu entkommen: Als Männer konnten sie in den Krieg ziehen, zur See fahren oder an Universitäten studieren. Über die tatsächliche Häufigkeit dieses Einreißens von Geschlechtergrenzen kann nur spekuliert werden, da sie meist erst im Fall von Krankheit oder Tod öffentlich wurden, vgl. Christa Spannbauer (1999): *Das verqueere Begehren*. Würzburg: Diametric, S. 16 f.
Der US-amerikanische Wissenschaftshistoriker Thomas Laqueur sprach von einem »Ein-Geschlechter-Modell«, das von der Antike bis zum Ende des 17. Jahrhunderts vorgeherrscht habe: Diesem Modell zufolge existierte ein anatomisches Geschlecht, dessen vollkommene Ausprägung Männlichkeit und dessen weniger vollkommene Ausprägung Weiblichkeit bedeutete. Die medizinische Forschung der Renaissance »übersah« evidente anatomische Unterschiede zugunsten einer solchen Idee, es gäbe nur ein Geschlecht in unterschiedlichen Varianten, vgl. Thomas Laqueur (1992 [1990]): *Auf den Leib geschrieben. Die Inszenierung der Geschlechter von der Antike bis Freud*. Aus dem Englischen von H. Jochen Bußmann. Frankfurt/Main, New York: Campus, S. 39, S. 80 ff.

9 Im Gegensatz zur französischen Nationalheldin Jeanne d'Arc, die im hundertjährigen Krieg Frankreich zu einem Sieg über die Engländer und Burgunder verhalf und von der Kirche unter anderem wegen Mordes verurteilt wurde, da man sie nicht als Soldaten anerkannte, erhielt de Erauso wohl auch einen Sonderstatus, weil er auf Seite des Kolonialismus kämpfte, vgl. Leslie Feinberg (1996): *Transgender Warriors. Making History from Joan of Arc to Dennis Rodman*. Boston: Beacon Press, S. 33

10 Vgl. Frevert, 117 f.

11 Vgl. ebd., S. 69

12 Immanuel Kant (2002 [1764]): *Beobachtungen über das Gefühl des Schönen und Erhabenen*. In: Sabine Doyé, Marion Heinz, Friederike Kuster (Hg.) (2002): *Philosophische Geschlechtertheorien. Ausgewählte Texte von der Antike bis zur Gegenwart*. Stuttgart: Reclam, S. 207

13 Ebd., S. 201

14 Jean-Jacques Rousseau (2002 [1762]): *Emile oder Über die Erziehung*.

Aus dem Französischen von Eleonore Sckommodau. In: Sabine Doyé, Marion Heinz, Friederike Kuster (Hg.) (2002): *Philosophische Geschlechtertheorien. Ausgewählte Texte von der Antike bis zur Gegenwart.* Stuttgart: Reclam, S. 170

15 Vgl. Marion Heinz, Christoph Binkelmann: *»der innigste Vereinigungspunkt der Natur und der Vernunft«. Untersuchungen zu Fichtes Eherecht.* In: Marion Heinz, Sabine Doyé (2012): *Geschlechterordnung und Staat. Legitimationsfiguren der politischen Philosophie (1600–1850).* Berlin: Akademie Verlag, S. 256 ff.

16 Johann Gottlieb Fichte (2002 [1796]): *Grundlage des Naturrechts.* In: Sabine Doyé, Marion Heinz, Friederike Kuster (Hg.) (2002): *Philosophische Geschlechtertheorien. Ausgewählte Texte von der Antike bis zur Gegenwart.* Stuttgart: Reclam, S. 237

17 Ebd., S. 234

18 Vgl. Karin Hausen (1976): *Die Polarisierung der »Geschlechtscharaktere«. Eine Spiegelung der Dissoziation von Erwerbs- und Familienleben.* In: Werner Conze (Hg.) (1976): *Sozialgeschichte der Familie in der Neuzeit Europas.* Stuttgart: Klett, S. 372

19 Ute Gerhard (2020 [2009]): *Frauenbewegung und Feminismus. Eine Geschichte seit 1789.* München: C. H. Beck, S. 13

20 Vgl. Frevert, S. 162

21 Vgl. Hausen, S. 382

22 Vgl. Frevert, S. 87

23 Vgl. ebd.

24 Balzac zitiert nach de Beauvoir, S. 154

25 Die verschiedenen im Deutschen Bund geltenden Rechtsquellen wie der von Napoleon eingeführte Code Civil und das Preußische Allgemeine Landrecht unterschieden sich dabei nur geringfügig, vgl. Gerhard, S. 37.

26 Vgl. *Gleichberechtigung wird Gesetz.* Bundeszentrale für politische Bildung, 27.06.2018, https://www.bpb.de/politik/hintergrund-aktuell/271712/gleichberechtigung; Eva Marie von Münch: *Hausfrauen-Ehe abgeschafft,* DIE ZEIT, 15.10.1976, https://www.zeit.de/1976/43/hausfrauen-ehe-abgeschafft

27 von Redecker, S. 34

28 In der feministischen Theorie ist dieser Text sehr einflussreich gewesen, unter anderem beschäftigten sich mit ihm Virginie Despentes (2020 [2006]): *King Kong Theorie.* Aus dem Französischen von

Barbara Heber-Schärer, Claudia Steinitz. Köln: Kiepenheuer & Witsch, S. 20 f., vgl. Butler (2019), S. 83 ff., vgl. McRobbie, S. 88 ff.

29 Zahlreiche Autorinnen haben den Verdacht geäußert, dass Riviere gar keine Patientin, sondern vielmehr sich selbst beschreibt, vgl. Butler (2019), S. 85.

30 Joan Riviere [1929]: *Weiblichkeit als Maskerade*. Aus dem Englischen von Ursula Rieth. In: Liliane Weissberg (1994): *Weiblichkeit als Maskerade*. Frankfurt/Main: S. Fischer, S. 36

31 Ebd., S. 37 f.

32 Rahel Jaeggi (2019 [2016]): *Entfremdung. Zur Aktualität eines sozialphilosophischen Problems*. Berlin: Suhrkamp, S. 145

33 Ebd., S. 147

34 Ebd., S. 145

35 Ebd., S. 151

36 Vgl. Harry Frankfurt (1971): *Freedom of the Will and the Concept of a Person*. The Journal of Philosophy, 68/1, S. 6 ff.

37 ContraPoints: *Shame*. YouTube, 16.02.2020, https://www.youtube.com/watch?v=K7WvHTl_Q7I

38 Kate Davies (2020 [2019]): *Love Addict*. Aus dem Englischen von Britt Somann-Jung. Frankfurt/Main: S. Fischer, S. 59

39 Verena Stefan (1994 [1975]): *Häutungen*. München: Verlag Frauenoffensive, S. 92

40 Ebd., S. 116

41 »Wenn ich als Kind und Teenager mit Alternativen zur heterosexuellen Liebe in Kontakt gekommen wäre, sei es durch Repräsentationen von queeren Beziehungen im Fernsehen, in Büchern, in den Medien im Allgemeinen, oder durch Begegnungen mit queeren Menschen in meiner familiären Umgebung, hätte ich mich wahrscheinlich nicht so lange quälen müssen«, schreibt die Politikwissenschaftlerin Emilia Roig, vgl. Emilia Roig (2021): *why we matter*. Berlin: Aufbau, S. 71.

42 Vgl. Chen, S. 17

43 Vgl. Lydia Meyer (2020): *Sex und so. Ein Aufklärungsbuch für alle*. Berlin: Ullstein, S. 52 f.

44 Natalie Wynn am 16.09.2019 auf Instagram, https://www.instagram.com/p/B2fFYWOAnA-/

45 Alexandra Kollontai [1918]: *Die Geschlechtsbeziehungen und der Klassenkampf*. In: Barbara Kirchner (2012): *Autobiographie einer sexuell emanzipierten Kommunistin*. Hamburg: Laika, S. 80 f.

46 Woolf, S. 10

47 Wie immer gibt es natürlich auch tolle Gegenbeispiele: Der Film *Hidden Figures* von 2016 beispielsweise, der die Arbeit der drei afroamerikanischen Mathematikerinnen Katherine Johnson, Dorothy Vaughan und Mary Jackson bei der NASA portraitiert, tappt nicht in die Falle des männlichen Bezugsrahmens. Und auch in *Hannah Arendt* von 2013 darf sich die Philosophin ungestört der Banalität des Bösen widmen.

48 Vgl. Claudia Steinberg: *Domestic Fiction(s). Ehe und Partnerschaft bei Jane Austen, den Brontës und George Eliot.* In: Hiltrud Gnüg, Renate Möhrmann (Hg.) (1999): *Frauen-Literatur-Geschichte. Schreibende Frauen vom Mittelalter bis zur Gegenwart.* Stuttgart: Metzler, S. 93

49 Johanna Dürrholz: *Gurr Power.* Frankfurter Allgemeine Zeitung, 14.01.2019, https://www.faz.net/aktuell/stil/leib-seele/indie-duo-aus-berlin-gurr-power-15976220.html (über Laura Lee)

50 Martin Ebel: *Sex, Moral und Political Correctness.* Tagesanzeiger, 02.08.2019, https://www.tagesanzeiger.ch/kultur/buecher/sex-moral-und-political-correctness/story/14130216 (über Sally Rooney)

51 Tobias Haberl: *Die lauteste Stimme des deutschen Feminismus.* Süddeutsche Magazin, 06.06.2019, https://sz-magazin.sueddeutsche.de/frauen/margarete-stokowski-feminismus-87357?reduced=true (über Margarete Stokowski)

52 Johanna Adorján: *Die Befreiung.* Süddeutsche Zeitung, 04.04.2020, https://www.sueddeutsche.de/leben/deborah-feldman-unorthodox-netflix-1.4863431?reduced=true (über Maria Schrader)

53 Jia Tolentino: *The Wry Young Women Writing Sad, Buoyant, Beautiful Songs.* The New Yorker, 07.04.2018, https://www.newyorker.com/culture/culture-desk/the-wry-young-women-writing-sad-buoyant-beautiful-songs (über Sophie Allison aka Soccer Mommy, Übersetzung der Autorin)

54 Moritz von Uslar: *Prosaisch harter Chiajoghurt.* DIE ZEIT, 22.08.2018, https://www.zeit.de/2018/35/fatma-aydemir-autorin-fruehstuecksei (über Fatma Aydemir)

55 Vgl. Caroline Criado-Perez (2020 [2019]): *Unsichtbare Frauen. Wie eine von Daten beherrschte Welt die Hälfte der Bevölkerung ignoriert.* Aus dem Englischen von Stephanie Singh. München: btb, S. 304

56 Vgl. Brad N. Greenwood, Seth Carnahan, Laura Huang (2018): *Patient-physician gender concordance and increased mortality among female heart attack patients*. Proceedings of the National Academy of Sciences of the United States of America, 115 (34), S. 8573

57 Jens Spahn am 13.01.2014 auf Twitter, https://twitter.com/jensspahn/status/422627124185669633?lang=de

58 Jan Fleischhauer: *Kann eine Frau einen Mann vergewaltigen?* Spiegel Online, 23.08.2018, https://www.spiegel.de/politik/deutschland/asia-argento-kann-eine-frau-einen-mann-vergewaltigen-kolumne-fleischhauer-a-1224530.html

59 *Asia Argento räumt Sex mit Jimmy Bennett ein*. Spiegel Online, 01.10.2018, https://www.spiegel.de/panorama/gesellschaft/asia-argento-raeumt-sex-mit-verlorener-seele-jimmy-bennett-ein-a-1230930.html

60 Sanyal, S. 7 ff.

61 Achtzig bis neunzig Prozent aller sexualisierten Straftaten, so schätzen es übereinstimmende Studien ein, gehen von Männern aus, zehn bis zwanzig Prozent von Frauen, vgl. z. B. Maike Strietholt: *Wie Geschlechterrollen unser Verhalten bestimmen*. Deutschlandfunk Kultur, 02.07.2018, https://www.deutschlandfunkkultur.de/mann-taeter-frau-opfer-wie-geschlechterrollen-unser.976.de.html?dram:article_id=421848

62 Lediglich vaginale Penetration durch einen Penis galt als Vergewaltigung – demnach konnte beispielsweise ein Mensch mit Penis, egal durch wen, gar nicht vergewaltigt werden, vgl. Noëmi Landolt: *Ein völlig veraltetes Sexualstrafrecht*. WOZ, 23.05.2019, https://www.woz.ch/-9bba

63 Despentes, S. 50

64 Vgl. von Redecker, S. 35 f.

65 *Oxfam Haiti allegations: How the scandal unfolded*. BBC News, 21.02.2018, https://www.bbc.com/news/uk-43112200

66 Roisin O'Connor: *Mary Beard posts tearful picture of herself after defence of Oxfam aid workers provokes backlash*. Independent, 18.02.2018, https://www.independent.co.uk/news/uk/home-news/mary-beard-tweet-oxfam-aid-workers-sex-scandal-backlash-feminists-cambridge-priyamvada-gopal-latest-a8216306.html (Übersetzung der Autorin)

67 Vgl. Hamad, S. 108

68 rbb24 auf Twitter am 22.02.2020, https://twitter.com/rbb24/status/1231239906317479936

69 Vgl. Hamad, S. 79, S. 131

70 Vgl. Lorde, S. 32

71 Vgl. Charlie Kaufhold (2015): *In guter Gesellschaft? Geschlecht, Schuld und Abwehr in der Berichterstattung über Beate Zschäpe.* Münster: Edition Assemblage, S. 38

72 Gisela Friedrichsen: *»Beate war 'ne Partymaus«.* Spiegel Online, 27.11.2013, https://www.spiegel.de/panorama/justiz/nsu-prozess-mutter-und-cousin-von-beate-zschaepe-im-zeugenstand-a-936017.html

73 Julia Jüttner: *Die Frau mit den zehn Namen.* Spiegel Online, 04.05.2013, https://www.spiegel.de/panorama/beate-zschaepe-vor-gericht-das-gesicht-der-terrorzelle-a-893815.html

74 Sämtliche ernstzunehmenden Belege deuteten auf ihre aktive und vollkommen gleichberechtigte Mittäterschaft hin: Zeugenaussagen beweisen Zschäpes eigenständiges Agieren in rechtsextremen Netzwerken, ihre Gewaltbereitschaft, ihr auch dem engsten Umfeld gegenüber tonangebendes und dominantes Auftreten, vgl. zum Beispiel Ulrich Overdieck: *Fallgeschichte 1: Beate Zschäpe.* In: Amadeu Antonio Stiftung (2015): *Rechtsextreme Frauen – übersehen und unterschätzt. Analysen und Handlungsempfehlungen*, S. 35, https://www.amadeu-antonio-stiftung.de/wp-content/uploads/2014/05/rechtsextreme_frauen_internet.pdf

75 In der Rechtsextremismusforschung wird dieses Phänomen als »doppelte Unsichtbarkeit« bezeichnet: Frauen gelten im öffentlichen Bewusstsein im Vergleich zu Männern als politisch desinteressierter. Wird ihnen überhaupt politisches Bewusstsein zugesprochen, dann keine gefestigte rechtsradikale Überzeugung – und erst recht keine damit einhergehende Gewaltbereitschaft.
Dieser Irrtum schlug sich auch in den Ermittlungen zum NSU nieder: Bei der Suche nach der Zelle schlossen die Ermittlerinnen, deren Tätersuche zunächst nur im migrantischen Milieu stattfand, auch ein weibliches Täterprofil aus. Weitere Frauen des NSU-Umfelds wurden später erst gar nicht angezeigt, Jasmin Siri: *Rechte Frauen. Ein Blick hinter unsichtbare Fassaden.* In: Armin Nassehi, Peter Felixberger (Hg.) (2017): *Kursbuch 192. Frauen II.* Hamburg: Kursbuch Kulturstiftung, S. 159.

76 Vgl. Siri, S. 157

77 Vgl. Julia Jüttner: *Gutachter in Erklärungsnot*. Spiegel Online, 18.05.2017, https://www.spiegel.de/panorama/justiz/nsu-prozess-wie-gutachter-joachim-bauer-beate-zschaepe-beschreibt-a-1148316.html

78 Vgl. Annette Ramelsberger: *Verteidiger wollen Zschäpe für schuldunfähig erklären lassen*. Süddeutsche Zeitung, 30.03.2017, https://www.sueddeutsche.de/politik/nsu-prozess-verteidiger-wollen-zschaepe-fuer-schuldunfaehig-erklaeren-1.3442915

79 Vgl. Ljiljana Radonic (2004): *Die friedfertige Antisemitin? Kritische Theorie über Geschlechterverhältnis und Antisemitismus*. Frankfurt/Main: Europäischer Verlag der Wissenschaften, S. 91 f.

80 Vgl. Siri, S. 153

81 Vgl. Enis Maci (2018): *Eiscafé Europa. Essays*. Berlin: Suhrkamp, S. 83 f.

82 Vgl. Matthew Rosenberg: *Republican Voters Take a Radical Conspiracy Theory Mainstream*. New York Times, 19.10.2020, https://www.nytimes.com/2020/10/19/us/politics/qanon-trump-republicans.html

83 Die Anfang zwanzigjährige Naomi Seibt, die in ihren YouTube-Videos systematisch die Klimakatastrophe leugnet, antisemitische Parolen schwingt und vom »Corona-Märchen« sprach, ließ sich ein Jahr lang durch das US-amerikanische Heartland Institute finanzieren, eine der wichtigsten Lobbygruppen der Kohle- und Erdölindustrie, vgl. Marcus Theurer: *Die Anti-Greta aus Germany*. Frankfurter Allgemeine Zeitung, 10.03.2020, https://www.faz.net/aktuell/wirtschaft/klima-energie-und-umwelt/klimawandel-naomi-seibt-ist-die-anti-greta-thunberg-16668431.html, *Die Heartland Lobby*. Correctiv, 04.02.2020, https://correctiv.org/top-stories/2020/02/04/die-heartland-lobby-2/.

84 Vgl. Britta Sandberg: *Irgendwie rechts, aber mit Katze*. Spiegel, 20.04.2021, https://www.spiegel.de/ausland/frankreich-marine-le-pens-image-wandel-irgendwie-rechts-aber-mit-katze-a-3ec07e65-0002-0001-0000-000177155101

85 Vgl. Elisabeth Ruge im Gespräch mit Anke Schaefer: *Wie Frauen den Machtwechsel in den USA prägen*. Deutschlandfunk Kultur, 21.01.2021, https://www.deutschlandfunkkultur.de/amanda-

gorman-wie-frauen-den-machtwechsel-in-den-usa-praegen.2950.de.html?dram:article_id=491233

86 Vgl. *Starke Frau für Mercedes Lkw und weitere Beförderungen*. Business Extrajournal, 27.10.2020, https://extrajournal.net/2020/10/27/starke-frau-fuer-mercedes-lkw-und-weitere-befoerderungen/

87 Vgl. Torsten Krauel: *Starke Frauen gegen Diktatoren*. Welt, 28.12.2020, https://www.welt.de/debatte/kommentare/article223363706/Mut-ist-weiblich-Starke-Frauen-gegen-Diktatoren.html

88 Vgl. Friederike Böge, Patrick Welter: *Die neue starke Frau in Pjöngjang*. Frankfurter Allgemeine Zeitung, 16.06.2020, https://www.faz.net/aktuell/politik/ausland/kim-yo-jong-kim-jong-uns-schwester-sichert-macht-in-nordkorea-16817436.html

89 Beauvoir, S. 496

EPILOG

1 Heinrich Heine [1844]: *Deutschland – Ein Wintermärchen*. In: Fritz & Katinka van Eycken (Hg.) (2011): *Heinrich Heine. Das poetische Werk*. Berlin: Haffmans & Tolkemitt, S. 509

2 Pierre Bourdieu (2012 [1998]): *Die männliche Herrschaft*. Aus dem Französischen von Jürgen Bolder. Frankfurt/Main: Suhrkamp, S. 21

3 The Combahee River Collective [1977]: *Ein Schwarzes feministisches Statement*. In: Natasha A. Kelly (Hg.) (2019): *Schwarzer Feminismus. Grundlagentexte*. Münster: Unrast, S. 52

4 Vgl. Nancy Fraser, Rahel Jaeggi (2020): *Kapitalismus. Ein Gespräch über kritische Theorie*. Berlin: Suhrkamp, S. 276 f.

5 Vgl. Raul Zelik (2020): *Wir Untoten des Kapitals. Über politische Monster und einen grünen Sozialismus*. Berlin: Suhrkamp, S. 48

6 Reni Eddo-Lodge (2019 [2017]): *Warum ich nicht länger mit Weißen über Hautfarbe spreche*. Aus dem Englischen von Anette Grube. Stuttgart: Tropen, S. 186

7 Butler (2018), S. 48

8 Anne Dufourmantelle (2013): *Puissance de la douceur*. Paris: Payot & Rivages, S. 29 (Übersetzung der Autorin)

9 Ebd., S. 77

ANN-KRISTIN TLUSTY, 1994 geboren, hat Kulturwissenschaften und Psychologie studiert und arbeitet seit 2018 als Redakteurin bei Zeit Online. Sie lebt in Berlin.

Das Hörbuch zu *Süß* erscheint bei speak low, gelesen von Camilla Renschke und Ann-Kristin Tlusty.